제발, 걱정하지 마라

제발, 걱정하지 마라

글. 진우스님

동국

머리말 :

완연한 가을입니다. 올해도 푸르고 높은 하늘 아래서 값진 오곡이 무르익었습니다. 단풍에 물든 산이 귀환하고 계곡물 소리는 언제나 상쾌합니다. 무더위를 내려놓은 햇살이 반갑습니다. 자연의 순환은 이렇듯 우리를 배반하지 않고 때마다 선물을 안깁니다.

나무와 풀꽃들이 사는 세상은 언제나 평온하고 여여如如한데, 사람들의 세상은 이와 달리 시끄럽고 숨이 찬 것 같습니다. 수년 간 우리를 괴롭혔던 코로나19가 물러나고 있지만, 아직 안도하기는 이릅니다. 더구나 현대인들의 아픔은 역병의 통증보다 깊고 진합니다. 물질은 풍족한데 정신은 갈수록 피폐해지고 있습니다. 마음의 병을 호소하는 이들이 걱정스러울 만큼 늘어나는 중입니다. 부처님의 가르침을 철저히 믿고 따르는 출가수행자의 한 사람으로서, 어깨가 더욱 무거워집니다. 어떻게 하면 불교의 감로법甘露法으로 힘들어하는 분들을 치유하고 위로할 수 있을까, 항상 힘써 고민하고 있는데 결실은 늘 아쉬운 듯합니다.

이 책은 평소 저의 생각들을 묶고 편집한 것입니다. 네이버 밴드 '오늘의 명상'(https://band.us/@jinwoo)에 수년 전부터 매일 글을 올리며 소통해 왔습니다. 불교의 핵심이자 행복의 비결인 인과因果의 도리를 보다 많은 분들이 이해하고 실천할 수 있도록 나름대로 정성을 들였습니다. 인과는, '괴로움이 오면 반드시 그만큼의 즐거움이 오고야 만다'는 절대적인 진리입니다. 그러므로 행복을 성취하기 위해 우리가 해야 할 일은 다른 것이 없습니다. 걱정하지 말고 예측하지 말고, 그저 모든 것을 부처님이 말씀한 연기법緣起法에 맡기며 진실하고 성실하게 살면 됩니다. 인과를 굳게 믿고, 스스로 마음을 평정하게 다스리며 대자유를 누리시기 바랍니다.

졸고이지만 아무쪼록 아프고 겨운 이들에게 화사한 10월 국화꽃으로 다가갔으면 합니다. 이 책이 희망과 용기를 선사하기를 지극한 신심으로 발원합니다.

거듭 말씀드리지만 책의 제목처럼, 정말 걱정하지 않으셔도 됩니다. 다시 돌아온 가을을 보십시오. 부처님이 다 알아서 해주십니다.

불기 2566(2022)년 9월

진우 합장

차례:

머리말 — 5

1장
진정한 용기

누군가가 정말 싫을 때	— 17
행복은 욕심과 반비례한다	— 19
제발, 걱정하지 마라	— 21
윤회의 장점	— 25
죄를 지으면 정말 반드시 벌을 받을까?	— 27
정情이란	— 30
"너나 잘해!"라는 감로법문	— 35
'눈높이'의 중요성	— 37
인과因果, 또 인과다	— 39
점 보러 가지 마라	— 43
성격의 정의	— 45
시비를 분별하지 말라	— 47

진정한 용기	— 51
금생의 일은 전생 일의 연장이다	— 53
불교는 인과다	— 55
1초의 기적	— 58
원망이라는 어리석음	— 60
행복해질수록 불행해진다	— 62

2장
거룩한 눈물

파자소암婆子燒庵	— 67
굽은 것이 곧은 것이다	— 72
백은 대선사	— 73
코뿔소의 뿔처럼 혼자서 가라	— 75
거룩한 눈물	— 78
법거량	— 82
아내의 아름다운 '눈망울'	— 87
'마음을 비웠다'는 착각	— 90
습관의 무서움	— 95
마음의 홈런	— 97
무엇을 위해 희생을 하나?	— 99
'엔도르핀'의 유래	— 101

업業을 줄이자	— 105
전화위복으로 목숨을 건지다	— 107
'해와 바람'의 우화	— 110
왕이 된 여우의 몰락	— 113
참다운 불공	— 117
분별심을 버려라	— 120
오온은 공하고 실체가 없다	— 123
거지의 필살기	— 126
돈보다 중요한 낮잠	— 129
무서운 그림자	— 131
어리석은 형제들	— 133
청개구리의 엉뚱한 효도	— 135
배고픈 여우	— 139
어머니의 '한쪽 눈'	— 141
대가 없는 선행	— 143
명당은 어디에 있는가	— 145

3장
모든 형상은 내 마음의 그림자

번개와 생각	— 151
무심과 삼업	— 152

업연과 신심	— 153
얻음과 잃음	— 154
번뇌와 달빛	— 155
희망과 초연	— 156
사랑이란	— 157
착한 사람과 못된 사람	— 158
강물과 마음	— 159
충고 한마디	— 161
불행이 아니라 인과다	— 162
친구와 원수	— 164
산은 산이요 물은 물이로다	— 165
이성과 기도	— 167
코로나19 시대에 전하는 위로	— 168
하늘과 대지	— 170
들숨과 날숨	— 171
게송1	— 173
그냥, 하라	— 174
확증편향	— 176
인연을 받아들이는 자세	— 179
내 잘못이 아니다	— 181
게송2	— 183
진정으로 잘 산다는 것	— 185
멘탈 붕괴	— 187

쉽고도 쉬운 불교	— 188
붕어의 '훌륭한' 기억력	— 189
게송3	— 190
마음의 자폭	— 192
'파사현정'에 대한 오해	— 194
게송4	— 195
완전한 인격자	— 197
듣기 좋은 말의 그림자	— 198

4장
인생에는 오르막길도 내리막길도 있다

말을 잘 하는 방법	— 203
실패했을 때의 마음가짐	— 205
불자 가족을 보며	— 207
결자해지	— 210
종교인의 역할	— 212
팔자와 운명은 정말 있는 것인가?	— 215
자녀들은 알아서 잘 큰다	— 217
즐거움과 괴로움의 총량은 같다	— 219
명상의 목적	— 221
자식을 정말 사랑한다면	— 224

자업자득	— 229
공호은 ○이다	— 230
첩첩산중 앞에서는	— 232
우울증에 관하여	— 234
어떤 선택을 하든 고락은 따른다	— 238
칭찬은 비난의 친구	— 240
기도하는 습관	— 242
욕심이라는 어린아이	— 245
절대 사기를 당하지 않는 방법	— 247
억울함 대처법	— 251
무조건 참지는 마라, 그 대신	— 253
스트레스를 받는 이유	— 255
말싸움 대처법	— 257
자녀교육을 위한 조언	— 259
결혼을 꼭 해야 하나?	— 261
절 하는 공덕	— 263
보시의 중요성	— 267
불청객을 위한 배려	— 270
가장 좋은 행동은 말 그대로 '행동하는 것'	— 273
남을 위해 기도하라	— 275
가는 해, 오는 해	— 277

모든 것은 인과因果다. 원인이 있으면 결과가 있다.
한 치의 오차도 예외도 없다. 영원히 인과다.
현생에도 전생에도 내생에도 인과다.

1장

진정한 용기

누군가가 정말 싫을 때

이 사람은 정말 만나기가 싫다.
진저리가 날 정도로 보기가 싫다.

이런 경험은 누구나 한번쯤 해봤을 것 같다.

사람을 보기 싫어하는 심리의 저변에는 궁극적으로 내게 이롭지 않기 때문이다. 이롭지 않다는 것은 내가 원하는 것과 거리가 멀다는 뜻이다.

결국 이롭다는 것은 내가 좋다는 것이고 내가 좋다는 것은 분별된 욕심이므로 욕심은 인과因果의 과보果報로 다가오게 된다.

따라서 억지로 볼 필요는 없다. 다만 보기 싫어서 기분이 좋지 않다면, 안 좋은 기분이 곧바로 습업習業이 되고, 다음에도 똑같이 기분 좋지 않은 현상이 반복되어 보기 싫은 사람이 계속 나타나게 된다는 사실을 알아야 한다.

그러니 그를 보든지 보지 않든지 간에, 이유를 막론하고 싫다는 감정을 품지 않아야 한다. 핑계는 이유가 되지 않는다. 감정이라는 고락苦樂의 업業만 남기 때문이다.

기분과 감정을 잘 다스리기 위해서는 기도·참선·보시·정진으로 마음을 다져 나가야 한다.

행복은 욕심과 반비례한다

재산이 100만 원밖에 없는 사람은 1억 원만 있으면 소원이 없겠다며 1억 원을 가진 이를 부러워한다. 1억 원을 가진 사람은 100억 원을 가지면 소원이 없겠다며 100억 원 가진 이를 부러워한다.

100만 원 가진 사람이 1억 원 가진 사람을 부러워하는 마음이나, 1억 원 가진 사람이 100억 원 가진 사람을 부러워하는 마음의 정도는 같다.

누구나 어느 위치 어떤 처지에 있든, 부러워하는 마음과 만족하지 못하는 마음은 같을 수밖에 없다는 말이다.

다만 욕심이 작은 사람은 덜 부러워하고 덜 부족할 것이며, 욕심이 많은 사람은 더 부족하고 더 부러운 마음으로 스스로 힘이 들 것이다.

   많다 작다 분별하지 않는 마음을 갖추어 스스로 평안한 마음을 가지려면 기도·참선·보시로써 정진해야 한다.

제발, 걱정하지 마라

지금 걱정이 없으면 내일 걱정이 없고, 내일 걱정이 없으려면 지금 걱정하지 말라. 지금 이 순간 놓고, 놓고 또 놓고, 방하착放下着하라는 뜻이다.

무엇을 놓으란 말인가?

근심 걱정하는 불편한 마음을 놓으라는 것이다.

먹고 사는 것조차 걱정하지 않으면 어떻게 살아간단 말인가?

그것은 너무나 간단하다.

어떻게든 된다!

너무 무책임하다고?

절대 아니다.

인연因緣 연기緣起에 따라 무조건 된다.

너무 추상적이고 맹목적이지 않느냐고?

아니다. 어차피 좋고 싫은 고락苦樂의 인과업因果業은 무게가 똑같다. 좋은 것만큼 나쁜 것이 나타나고, 나쁜 것만큼 좋은 것이 나타나게 되어 있다.

인생을 돌아보니, 좋은 것이 더 많았던 것 같다거나 또는 나쁜 것이 더 많았던 것 같다는 것은 그야말로 '같은' 것일 뿐이다. 자기 생각일 뿐이다.

그러므로 단언컨대 굳이 걱정 근심할 필요가 없다.

인연 연기따라 이렇게 될 것은 이렇게 되고, 저렇게 될 것은 저렇게 되니 걱정 근심을 놓기만 하면 된다. 그렇게만 하면 행동하고 말하고 생각하는 신구의身口意 삼업三業이 청정해져서 저절로 걸림 없는 행동을 하게 된다. 이를 무애자재행無碍自在行이라 하고 선禪 또는 선정禪定이라 한다.

해가 뜨면 저절로 지고, 밀물이 들어오면 저절로 썰물이 되고, 봄이 가면 저절로 여름 오고, 여름 가면 저절로 가을 오고, 가을 가면 저절로 겨울 온다.

걱정한다고 안 오지 않는다.

어떻게든 되고, '때' 되면 다 된다.

합격할 때 합격하고, 떨어질 때 떨어지고, 건강할 때 건강하고, 병 날 때 병나고, 태어날 때 태어나고, 죽을 때 죽고, 돈 벌릴 때 돈 벌고, 돈 잃을 때 돈 잃는다.

이게 다.

그러니 정말,

걱정하지 마라.

윤회의 장점

　인도 사람들은 대부분 윤회를 믿는다. 그리고 다음 생을 위해 지금을 살아간다. 이번 생이 아무리 고달파도 고통이라고 생각하지 않는다. 지금의 고통이 과보가 되어 내생에는 반드시 기쁨과 즐거움이 오리라고 확신하며 살아간다.
　어떻게 보면 참으로 현명한 생각일 수도 있겠으나 무지하다고 손가락질하는 사람도 있을 것이다. 그런데 가끔 진정 힘들고 어려울 때 희망이라는 것이 큰 위안이 되기도 한다. 허황되다거나 실현 가능성이 적다 하더라도 말이다.
　만약 희망이 없다면 얼마나 마음이 고되고 쓸쓸할 것인가. 믿음과 신앙이란 곧 희망을 뜻한다. 이렇게 또는 저렇게만 한다면 반드시 좋은 결과가 생길 것이라는 게 곧 믿음이고, 이 믿음이야말로 절대적인 희망이 된다.

　불교에 대한 믿음은 절대 배신하지 않는다. 손해 볼 일이 전혀 없다. 불교에 대한 믿음은 인과因果에 대한 믿음이다. 고락苦樂의 마음이 끊임없이 윤회하기 때문에 결국 괴로운 것과 즐거운 것의 차이는 없다. 다만 이를 계속 반복하자니 그것이 좀 피곤할 뿐이다.

　누구나 늙고 병들고 죽는다. 불의의 사고로 인해 조금 일찍 죽을 수 있을 뿐. 그러나 과거는 현재를 낳고 현재는 미래를 낳듯이, 나 또한 과거에도 있었고 미래에도 있을 것이다. 그러므로 희망과 믿음을 가져도 된다. 미지의 세계에 대한 불안감이야 떨칠 수 없다 하겠으나 태어날 때를 되돌아본다면 그리 걱정하지 않아도 되지 않을까? 아무튼 이렇게 살아있으니 말이다.

　깨쳐서 성불한다면 그보다 더할 나위가 없을 것이다. 설령 좀 가난하고 미련하게 살아가더라도 우리에겐 다음 생이 있다. 몇 차례 병치레를 하다보니 미지의 생에 대한 단상斷想이 저절로 떠올랐다.

죄를 지으면 정말 반드시 벌을 받을까?

모든 것은 인과因果다. 원인이 있으면 결과가 있다. 한 치의 오차도 예외도 없다. 영원히 인과다. 현생에도 전생에도 내생에도 인과다. 태어나면, 죽는다. 좋아하면 싫어진다. 상처 주면 상처 받는다. 태어났으니 나는 죽어야 한다. 자업자득이다.

남에게 해를 입히고도 아무런 처벌을 받지 않고 잘 먹고 잘사는 사람들에 대해 자주 듣는다. 직접 보게도 된다. 제3자 입장에서도 원통한데, 피해 당사자들의 가슴은 얼마나 찢어지겠는가.

결론부터 말하자면 죄를 지으면 의심할 여지없이 과보果報에 의해 끝내 벌을 받는다. 다만, 피해자나 가해자 모두가 알 수 있도록 바로 벌을 받을 수도 있겠으나, 경우에 따라서는 피해자도 가해자도 모르는 사이에 가해자가 벌을 받을 수도 있다는 것이다. 어딘가에서 혼자서 받고 있을 것이다. 보이지 않는다고 해서 안 받는 것이 아니다.

물론 피해자 입장에서는 너무 속상하고 분한 일이다. 내게 죄를 지은 사람이 내 눈앞에서 참혹하게 죗값을 치러야 하는데 말이다. 그러나 명심해야 할 것은 억울하고 참담하게 생각할수록, 자신도 그 사건의 '업業'을 받아야 한다는 것이다.

피해를 입힌 가해자는 스스로 인과因果의 업보業報를 받게 될 것이다. 물론 야속하게 들리겠지만, 피해자 역시 자신의 인과업에 의해 스스로 업보를 받아야 한다. 계속해서 절망하고 그 일을 잊지 못한다면 계속해서 받아야 한다.

일어날 일은 일어난다. 내가 언젠가 쌓은 괴로움의 고업苦業이 범죄 피해라는 형태로 발현된 것이다. 착하게 산다고 안 일어나지 않는다. 운이 좋다고 안 일어나지 않는다. 아울러 괴로움을 아무리 곱씹는다 해도 괴로움은 소화되지 않는다. 스스로 괴로움의 감정을 절제하고 늘 인욕忍辱해야 한다. 괴로움이 아니라 그저 '일'이었다고 여기는 것이 좋다.

절대 잊지 말아야 할 것은, 죄를 지으면 언젠가는 그에 대한 인과로 인해 어떤 식으로든 괴로운 고업苦業을 받는다는 것이다. 이를 알면서도 죄를 짓는다고 한다면 어쩔 수는 없다. 그 대신 고통 받을 준비는 단단히 해야 할 것이다.

정情이란

한국사회는 정情이 중시된다. '정 빼면 시체'라는 우스갯소리로 정이 많은 사람을 칭찬한다. 정이 없으면 매정한 사람, 비정한 사람이라며 비난한다. 그만큼 정은 누군가의 인격을 평가하는 매우 중요한 척도다.

부모가 자식을 사랑하는 것은 애정愛情이라 하고, 친구를 사귀는 것은 우정友情이라 하고, 불우이웃을 돕는 것은 온정溫情이라 한다. 사실 사람 사이의 관계에서 옳고 그름이라거나 정의와 불의는 별로 중요하지 않다.

잘못된 일을 하더라도 서로 간에 친분의 정이 있으면 그냥 봐주고 넘어갈 때가 많은 반면 누가 아무리 일을 잘하더라도 친분의 정이 없으면 무조건 깎아내리기 바쁘다. 가족에 대한 정 때문에 갖은 고생을 마다하지 않고, 국가에 대한 정 때문에 심지어 목숨을 바치기도 한다.

그렇다면 정은 왜 생기는 것일까?

일단 습관에서 비롯된다. 성질이 비슷비슷한 것들이 어울려 비슷비슷하게 살아가다 보면 어느새 정이 무르익는다. 부모와 자식이 만나는 인연도 과거 전생에서부터 함께 정을 쌓아온 존재들이 이번 생에서 재회하는 것이다.

아울러 정은 어떤 성질을 가지고 있을까?

근본적으로 결국 나를 보호하기 위한 마음이다. 상대에게 정을 주면 나도 그만큼의 정을 받으리란 계산에서 마련한 일종의 장치다. 비슷비슷한 것들이 비슷비슷하게 머리 굴리면서 살다 보니 만들어진 것이다.

문제는 일방적인 정이란 없다는 것이다. 부모자식 간에도 내가 정을 주는데 상대방이 정을 주지 않으면 그 상처는 이루 말할 수 없이 크다. 하물며 피가 섞이지 않은 사람들이야…. 이처럼 일방적인 정이란 있을 수가 없다. 은연중에 그 대가를 바라는 마음이 내포되어 있기에 항상 집착하는 마음이 따라붙게 되어 있다.

나아가 사람은 사람만이 아니라 사물이나 관념에도 정을

○   제발, 걱정하지 마라

품는다. 물건에 대한 정, 재산에 대한 정, 집과 자동차에 대한 정, 일에 대한 정, 명예에 대한 정, 예술에 대한 정 등등. 그리고 그러한 정 때문에 예외 없는 과보를 받는다. 정을 준다는 것은 내 마음이 흡족하기 위한 행위이므로, 그만큼의 기분 나쁜 대가를 치러야 한다.

부처님께서는 인간과 짐승처럼, 정이 있는 중생을 '유정有情 중생'이라 하셨다. 유정의 생명들은 정이 있는 만큼의 대가를 치러야 한다. 정이 생기는 만큼 정이 없어지게 되는 실망과 배신이라는 쓴맛을 봐야 한다. 그러므로 나쁜 대가를 원치 않는다면, 대가를 바라지 않는 삶을 살아야 한다. 정에 집착하지도 정에 이끌리지도 말아야 한다.

미운 정이든 고운 정이든, 정은 허망한 것이다. 정을 주는 대상은 언제나 변한다. 주고받는 정 또한 머물지 않는다. 정이란 애증愛憎의 아픔과 한 몸이다. 부모이든 친구든 부부이든, 각자의 업을 각자가 받을 것이다.

그러니 내가 갈 길을 묵묵히 의연하게 가면 그만이다.

"너나 잘해!"라는 감로법문

"너나 잘해!"라는 말이 한때 유행했다. 지금도 자주 듣는 소리이기는 하다. 상대가 섣부른 충고를 한다거나 간섭을 할 때, 미운 말로 되받아치는 소리다. 일반적으로는 농담 삼아서 우스갯소리로 자주 하는 말이다. 하지만 언중유골言中有骨의 무거움이 담겨 있는 말이기도 하다. 큰스님들의 감로甘露 법문처럼 심오한 지혜가 새겨져 있는 말이다.

누구나 자신의 업業으로 살아간다. 자기가 지은 업을 자기가 고스란히 받는다. 자업자득이요, 다 자기가 벌인 일이다. 미운 말을 듣거나, 비꼬는 말을 듣거나, 욕을 듣거나, 험담을 들으면 기분이 몹시 나쁜 것은 당연하다. 하지만 상대가 무슨 말을 하든 그 말을 듣고 감정을 일으키는 것은 바로 나 자신이지 않은가.

　인생이란 크게 보면 즐거움과 괴로움의 연속이다. 평생을 즐거움과 괴로움 사이를 왔다 갔다 하다가 끝내 죽음을 맞는 것이 삶이다. 이것은 즐겁고 저것은 괴롭다는 끊임없는 분별심 속에서 살아가고 죽어간다.

　궁극적으로 즐거움과 괴로움을 반복하면 마침내 괴로움만 남는다. 즐겁고 기쁜 마음이 있는 이상, 싫고 괴롭고 슬픈 마음이 없을 수가 없다. 도움을 받아 해결했다 하더라도 미해결의 인과를 언젠가 만나게 되어 있다. 행복하네 불행하네 즉흥적이고 졸속적인 감정을 내려놓는 것이 우선이다.

　분별심은 그 누구도 제거해 주지 못한다. 스스로 멸도滅度해야 한다. 남을 욕할 것도 탓할 것도 없다. 도와준다고 반가워할 것도, 도와주지 않는다고 미워할 것도 없다.

　어차피 내가 극복해야만 사라진다. 나만 잘하면 그만이다.

'눈높이'의 중요성

어떤 이와 스님들의 자질에 대해 잠시 언급하는 자리에서 도력道力이 높은 스님이 있는가 하면, 자질이라 할 것도 없이 못난 스님도 있다는 얘기가 나왔다. 물론 당연히 맞는 말일 수 있다.

하지만 유치원이나 초등생들에게는 엄청난 지식인이 필요하지 않은 법이다. 어린이에게는 어린이에 맞는 선생님이 필요할 것이고, 대학생은 대학생에 맞는 교수가 필요할 것이다. 마찬가지로 도력 높은 스님도 지적 수준을 지닌 이들에게는 절대적일 수 있으나 일반 대중에게는 난해할 수 있다.

'잘나가는' 무당과 점쟁이들이 많다. 혹자는 혹세무민惑世誣民 한다면서 그들을 경멸하기도 한다. 하지만 의외로 팬들이 많다. 왜냐하면 그 눈높이에 해당하는 이들에게는 그 어떤 큰스님보다 의지처가 되기 때문이다.

또 요즘 강연을 잘해서 유명한 스님들도 있다. 큰스님 가운데에는 이분들이 '단순히 말장난을 하는 것 같다'면서 부정적으로 보는 분들도 계시지만 지지층이 엄청나다는 건 분명한 사실이다. 대중과 '코드'가 맞아서일 것이다.

이렇듯 옳고 그름을 함부로 재단하기란 쉽지 않다. 아니, 해서도 안 된다. 그냥 '그렇구나' 하며 인과因果의 자연스러운 현상으로 받아들이면 그만이다. 뭐, 비판할 수도 있기는 하다. 그 대신 비판의 과보는 감당해야 한다.

인과因果, 또 인과다

어느 부부가 사는 집에 세 사람이 찾아와 '부부의 인생이 달렸다'고 하면서 셋 가운데 오직 한 사람만 집안으로 들일 수 있다고 했다.

첫째 사람은 인과因果라고 했다. 이 사람을 선택하면 즐겁고 행복한 일이 생긴다고 했다. 그러나 괴롭고 불행한 일도 같이 생긴다고 했다.

둘째 사람은 중도中道라고 했다. 이 사람은 즐거움도 괴로움도 없다고 했다. 재미는 없으나 항상 깨어 있고 자유롭다고 했다.

셋째 사람은 자비慈悲라고 했다. 이 사람은 인과와 중도를 함께 한다고 했다. 희로애락도 없고 마음에 걸림도 없다

○ 제발, 걱정하지 마라

고 했다.

부부는 자비라는 이름을 가진 사람을 택했다. 이후 부부는 항상 우리 곁에 있으나 우리들은 잘 알아보지 못한다.

●

인과와 중도 그리고 자비에 대하여 그동안 누차 반복하여 설명해 왔다. 그래도 또 인과因果에 속아 넘어갈까봐 한마디 더 보탠다.

인과는 자신의 그림자를 보고 '좋다, 싫다' 분별 시비하는 것과 같다. 내가 보고 듣고 하는 모든 것은 바로 나의 그림자들이다. 자신의 모습인 것을 모르니 해결책을 엉뚱한 데서 찾는다. 마음에서 불만이 떠나지를 않는다.

중도는 내가 보고, 듣고 하는 모든 것이 바로 나의 그림자임을 통찰하는 것이다. 인과의 이치를 알아서 시시비비가 끊어진 경지다. 화 내지 않고 후회하지 않고 남 탓하지 않고 '그러려니' 한다.

자비는 적극적인 중도행이다. 자신도 그림자에서 벗어나고, 남의 그림자도 벗겨주려는 마음이다. 인과와 중도를 가르쳐줌으로써 그들의 해탈을 돕는 마음이다.

물론 중도와 자비의 마음을 갖기란 참으로 어렵다. 그만큼 업의 두께가 두껍고 단단하기 때문이다. 곧 생로병사와 희로애락을 되풀이하지 않으려면 늘 참선을 해야 한다.
　선禪이란 옳고 그른 시비의 마음을 끊고 집착하지 않는 것이다. 그리고 참회하는 마음을 갖는 것이다. 마음은 무조건 놓아야 한다. 시비는 시비만을 낳기 때문이다. 출구가 없다.
　적어도 하루에 일어났던 일들에 대해 진심으로 참회하고 묵은 감정을 청산해야 한다. 아무런 기대 없이 아무런 계산 없이, 새롭고 산뜻한 마음으로 오늘을 살아야 한다. 이것이 진정한 참선이고 기도이고 보시이고 정진이다.

점 보러 가지 마라

사람들은 누구나 자신의 미래를 궁금해 한다. 그래서 점을 보거나 유명한 예언가를 찾아가기도 한다. 만약 그에게서 자신의 앞날이 창창하다는 이야기를 들으면 뛸 듯이 기뻐 자신감 있게 살아가게 될 것이다. 반면 자신이 원하는 미래가 아니라면 그 길을 피하려고 갖은 애를 쓰며 살아가게 될 것이다.

그러나 불법佛法의 인과因果를 조금이라도 아는 이라면, 자신의 미래가 어떻게 될지 스스로 명백하게 잘 알 수 있다. 부처님께서는 "과거(전생)를 알고 싶다면 지금의 모습을 보고, 미래를 알고 싶거든 지금의 모습을 보라."고 말씀하셨다.

지금 내 삶이 힘들다고 생각된다면, 이는 곧 과거에 잘 살지 못했다는 증거이다. 앞으로도 그럴 것이라는 확증이기도 하다. 이와 달리 지금 현재의 마음이 평안하다고 여유롭다면, 과거에도 잘 살았고, 앞으로도 잘 살아갈 것이다.

편안한 마음을 가지려면 인과법因果法을 잘 알아야 한다. 탐하는 마음이 없어야 그렇게 된다. 원하고 바라고 탐하는 것이 완전히 사라져야, 적멸寂滅과 중도中道의 마음이 된다. 내가 억지로 무엇을 할 것인지 방황하거나 고민하지 않아도 저절로 말하게 되고, 저절로 생각하게 되고, 저절로 움직이게 된다. 신구의身口意 삼업三業이 청정해지면, 만사가 저절로 이루어진다.

언제나 과보果報에 대해 명심해야 한다. 살고 있다고 생각하는가? 죽을 때가 올 것이다. 젊었는가? 늙을 것이다. 건강한가? 병이 들 것이다. 기분이 좋은가? 기분이 나쁘게 될 것이다. 행복한가? 불행해질 것이다. 사랑을 느끼는가? 증오를 느낄 것이다.

거꾸로 해도 마찬가지다.

성격의 정의

성격이 낙천적인 사람이 있다. 반면에 아주 작은 일에도 민감하게 반응하는 사람도 있다. 낙천적인 사람을 으레 '통이 크다'고 한다. 반면 예민하고 소심한 사람은 '간이 작다'고 한다. 그 대신 낙천적인 사람의 경우 빈 구석이 많은 것이 단점이다. 예민하고 소심한 사람은 속이 깊은 것이 장점이다.

성격에 따라 직업도 나뉜다. 통이 크고 낙천적인 사람은 정치가나 사업가가 적성에 맞다고 한다. 간이 작지만(?) 섬세한 사람은 예술가 혹은 정교한 기술을 다루는 직업이 어울린다고 한다. 생각해 보니 맞는 것 같기도 하다.

낙천적이고 통이 큰 성격이라는 것은 양보를 잘한다거나

또는 안 될 것 같으면 빨리 접을 줄도 아는 성격의 소유자다. 마음을 놓아버리는 연습이 잘 되어 있어서 마음의 상처를 덜 입는다. 이와 반대로 섬세한 사람은 끈질긴 면모를 갖고 있다. 그래서 모든 일을 꼼꼼하게 빈틈없이 해나갈 수 있다. 단, 좀처럼 포기할 줄 모르는 만큼, 끝까지 집착하는 마음이 강하다 보니 본의 아니게 마음의 상처도 많이 입는 편이다.

그렇다고 어떤 성격이 더 좋다 나쁘다고 단정 지을 수는 없다. 열심히 한다고 다 되는 것은 아니요 당장 됐다고 해서 항상 되는 것은 아니기 때문이다.

'지는 것이 이기는 것'이라는 말은 결국엔 지는 것이 진 게 아니게 되고, 이기는 게 이긴 게 아닌 것이 된다는 뜻이리라. 궁극적으로 더 얻거나 더 잃는 법은 없다.

시비를 분별하지 말라

부처님의 가르침을 놓고 보면, 옳고 그름의 시비是非는 곧 분별分別을 뜻하므로, 결코 해서는 안 되는 것이다. 그렇게 살면 부처님과 같은 깨달음을 이룰 수 없다. 세상에는 본디 옳고 그름 자체가 없다는 것이 불교의 입장이다.

그러나 법과 도덕, 윤리 등의 규칙을 생각해보자. 사람들이 모여 사는 사회에는 질서를 유지하기 위한 규범들이 있어야만 범죄와 혼란을 막을 수 있다. 시시비비를 철저히 가려야만 국민들이 안전하고 평화롭게 살아갈 수 있는 법이다. 법을 어기면 그에 상응한 벌을 받고, 도덕과 윤리를 잘 지키면 존경을 받고, 이를 어기면 사회적 지탄을 받아 마땅하다.

결국 시비 분별을 하지 말라는 불교적인 입장과 법과 윤리를 지켜야 하는 사회적 상식 사이에 커다란 괴리가 발생한다.

그렇다면 불자는 과연 어떻게 살아야 한다는 것인가? 이 부분을 명확하게 정리하고 이해하지 않으면 엄청난 혼선이 생기고 만다. 불교는 방일放逸과 무책임을 조장하는 종교라는 누명을 뒤집어쓸 수도 있다.

역사적으로 법과 도덕과 윤리는 당대 사람들의 합의에 따라 시대마다 달라져 왔다. 시절 인연에 따라 옳고 그름의 기준이 달리 설정된다는 것이다. 절대적인 진리가 아니니 오류가 생기기도 한다. 마치 우리가 시절 인연에 따라 좋고 나쁨의 과보를 받는 것과 동일한 이치다. 그러므로 법과 도덕과 윤리를 의지하며 살아가는 모습 자체가 불교적인 시각에서는 인연因緣 연기緣起에 해당한다.

법과 도덕과 윤리가 세상에 적용되는 것은 그대로 인연 연기의 모습이다. 또한 법과 도덕과 윤리가 적용되지 않는 것 또한 인연 연기의 모습이다. 참다운 불자라면 자신의 고락苦樂을 있는 그대로 받아들여야 하듯이, 법이 이렇게 적용되든 저렇게 적용되든, 옳다 그르다 시비 분별하지 말아

야 한다. 응당 그대로 받아들여야 한다. 보상을 바라거나 결과에 연연하지 않고 인연 연기를 수용하듯이 법과 윤리를 준수해야 한다. 국민으로서 또한 불자로서 마땅한 일이다.

진정한 용기

미국의 유명 배우 브루스 윌리스가 주연을 맡았던 〈태양의 눈물〉이라는 영화가 있다. 가장 기억에 남는 장면 가운데 하나는 "방관은 악惡의 승리를 꽃 피운다."라는 주인공의 대사다.

불의不義 앞에서 대부분의 사람들은 방관한다. 자신과 이해관계가 없으면 간섭하지 않으려 하는 속성이 있다. 오히려 불의를 못 참는 사람은 역설적으로 연기의 이치를 아는 도인이다. 좋고 나쁨에 대한 분별이 없는 그는 항상 여유롭고 자유롭다. 그래서 이래도 그만 저래도 그만일 것 같지만, 불의를 마주치면 누구보다 과감하게 행동한다. 자신이 좀 손해를 보고 다소 위험이 따르더라도 용기 있게 '간섭'한다.

생각이 많을수록 기회주의자이기 쉽다. 궁극적으로 생각이란 결국 자기를 위한 생각이다. 어떻게 하면 내가 더 많은 이익을 볼까 해서 끊임없이 계산하는 것이다. 반면 인과의 도리를 알면 자비로워지고, 진정으로 자비로운 사람은 앞뒤를 재지 않는 법이다. 행여 자신이 좀 다치고 피해를 입는다 하더라도, 그 과보가 좋은 결실로 돌아온다는 사실을 알기 때문이다.

금생의 일은
전생 일의 연장이다

언젠가 새벽에 어느 TV 프로그램 재방송을 보고 안타까운 마음을 금할 수 없었던 적이 있다.

해군을 제대한 건장하고 똑똑한 젊은이가 사설 구급 업체 단장이던 친구의 권유로 함께 일을 하게 됐다. 그런데 어느 순간 돌변한 친구의 손아귀에서 빠져나오지 못하고, 매일같이 폭행과 가혹행위에 시달리다 결국 황망하게 생을 마감했다. 지속적인 괴롭힘을 통한 인격 말살, 이른바 '가스라이팅'으로 비극적인 죽음을 맞은 것이다.

세상에는 말도 안 되게 이해할 수 없는 일들이 많이 일어난다. 그래서 삶에 대한 크나큰 회의감으로 절망하는 이들도 많다. 아무리 인과因果를 잘 이해한다 하더라도 이런 끔

찍한 사건을 맞닥뜨리면 인과를 선뜻 믿기가 어려워진다.

이럴 때 전생을 들여다보면 좋을 듯싶다. 우리는 세상에 태어나는 순간부터 아니, 어머니 뱃속에 잉태되는 순간부터 전생의 인과가 적용된다는 것을 알아야 한다. 태어난 시점부터 지금까지의 부분만 보게 된다면 전생을 믿을 수 없다. 하지만 분별의 업을 완전히 끊어내고 중도中道를 깨쳐 성불하지 않는 이상, 전생·금생·내생이라는 삼세三世는 까마득히 계속된다.

말도 되지 않는 일들이 일어나거나 마음이 극도로 힘든 상황이 일어나는 것은 전생과 밀접한 인과관계가 있다는 사실을 떠올려 보자. 단지 눈에 보이지 않을 뿐이고 기억이 나지 않을 뿐이다.

불교는 인과다

어떤 이가 또 물었다. 인과因果를 믿으라고 하는데 도저히 이해가 잘 되지 않더란다. 하지만 단언컨대 불교의 핵심은 인과다. 인과를 모르면 불교를 안다고 할 수 없다. 어렴풋이 좀 알 수는 있다. 그러나 인과를 확실하게 믿지 않는다면 이 또한 참된 불자가 아니다.

인과를 간단히 다시 정리해 보자면, 바로 연기緣起의 법칙이다. 나를 포함하여 세상에서 일어나는 모든 일들은 인연因緣에 의해 생겨난다는 것이다. 이것과 저것이 서로 영향을 주고받으며 변하는 것이니, 이것은 마냥 좋고 저것은 마냥 나쁜 것이 아니다. 어디서부터 좋고 또는 어느 만큼부터는 나쁜 것인지 자로 재듯이 나눌 수도 없다.

그럼에도 이 세상은 왜 좋고 나쁜 것이 나누어지는가. 간단하다. 내가 그렇게 나누기 때문이다. 내 몸의 감각과 마음의 감정이 이것은 좋고, 저것은 싫다는 고락苦樂과 이것은 옳고 저것은 그르다는 시비是非를 만드는 것이다. 내가 그렇게 느끼고 판단하니까 좋다 싫다, 옳다 그르다는 분별分別이 나타나는 것이다.

좋음과 나쁨은 따로 존재하지 않는다. 함께 뒤섞여 있다는 것이 곧 연기의 이치다. 내가 좋은 것을 100킬로그램 가졌다면, 나쁜 것도 100킬로그램 가졌다고 생각하면 틀림없다. 다만 나타나는 시간이 다를 뿐이다. 지금 내게 좋고 즐거운 일이 벌어져 있다면, 머지않아 나쁘고 괴로운 일이 반드시 나타난다.

즐거움, 기쁨, 행복, 만족, 평안 등 인간은 끊임없이 좋은 것만을 추구한다. 하지만 그럴수록 괴로움, 슬픔, 불행, 불만, 불안 등등 나쁜 것들도 덩달아 찾아온다는 사실을 알지 못한다. 결국 마음속 극락과 지옥의 윤회輪廻만 반복하다가 끝내 삶을 그르친다.

1초의 기적

 1초만 빨랐어도…, 1초만 늦었어도….
 순간의 차이에 따라 결과가 엄청나게 달라지는 경우를 많이 본다. 교통사고와 같은 불의의 각종 사고가 그렇고, 스포츠와 같은 승부의 세계가 그렇다. 생각해 보면 성질을 부리는 것도 단 1초에 따라 결과가 달라진다. 1초만 참아도 결과가 달라진다.
 따지고 보면 매 순간이 그렇다. 모든 결과들을 일일이 예측하고 계산할 수 없다 보니 이를 운명으로 돌리기도 한다. 나는 운運이 없다면서 원통해하고 후회하기 급급하다.
 이렇듯 자신의 선택에 따라 결과가 달라지는 것 같지만, 그러나 본질은 따로 존재한다. 이렇게 되었든 저렇게 되었든, 결국 좋고 싫은 마음이나 기분으로 귀결된다. 아무리 나쁜 일이라도 기분이 나쁘지 않으면 안 좋은 일이 아니게 된다. 반대로 아무리 좋은 일이라도 기분이 좋지 않으면 좋은 일이 아니게 된다.

모든 일은 이처럼 기분 감정에 달려 있다. 좋고, 나쁨은 현상이 아니라 마음이 좌우하는 것이다. 1초에 따라 결과가 달라지고 안 달라지고의 문제가 아니다. 마음먹기에 달렸다. 좋다, 나쁘다는 생각이 없으면 좋은 일도 나쁜 일도 일어나지 않는다.

원망이라는 어리석음

너만 없었더라면…, 너만 만나지 않았더라면….

부부 사이, 부모 자식 사이, 친구 사이, 지인 사이에 이런 말을 하는 경우가 적지 않다. 너만 아니었더라면 인생이 달라졌다거나, 꼬이지 않았거나, 적어도 지금보다는 훨씬 행복할 삶을 살 수 있었을 것이라며 상대방에게 상처를 주고 저주를 퍼붓는다.

오죽 답답하면 이런 말까지 할까 이해도 되지만 엄밀히 말해서 무식無識의 소치다. 지혜가 조금이라도 있는 사람이라면, '전생 탓'이라도 하면서 상대방의 존재를 있는 그대로 받아들이고 스스로를 단속할 줄 알아야 한다.

이 경우에도 어김없이 인과因果의 법칙이 적용된다는 건

너무나도 당연하다. 전생과 금생, 나아가 이어질 내생까지 계산을 한다면 좋고 싫은 고락苦樂의 총량은 같다. 내일이든 1년 뒤이든 다음 생이든, 그것이 행복이든 불행이든, 받을 것은 반드시 받는다.

인정하고 배려하고 용서하면 받지 않아야 할 것은 받지 않을 수 있다.

행복해질수록 불행해진다

인과因果의 법칙을 한마디로 정리하면, 이 세상엔 공짜도 없고 요행도 없다는 가르침이다. '원하는 것이 이루어짐'이라는 현상이 50%라면, '원하는 것이 이루어지지 않음'이라는 현상 역시 50%다. 10이면 5이고, 100이면 50이다. 서운할 만큼 정확하다.

기쁨이 있었으면 반드시 슬픔이 시간차로 나타난다. 심리적인 것이라거나 기분 탓이 아니다. 과학이다. 시절 인연은 정교하고 필연적이다. 즐거우니까 괴로움이 생기고, 옳으니까 그른 것이 생긴다. 분별만 쌓인다. 순간순간 내려놓아야 하는데 자꾸 쌓기만 하니까 마음이 무거워지고 힘들어진다. 분별업分別業이 악순환하면서 윤회고輪廻苦가 견고해진다.

기쁨과 슬픔의 쳇바퀴 안에서 슬픔만 반복한다. 부지런히 뛰기는 하는데 소득이 없다.

사람들은 끝없이 좋고 즐겁고, 기쁘고 행복한 것을 구하려고 오만가지 궁리를 하고 연구를 한다. 그래서 문명과 기술이 끝없이 발전했는지도 모른다. 그러나 즐거움과 기쁨이 극대화할수록, 그에 따른 괴로움과 슬픔도 극대화된다는 것을 알아야 한다.

행복해질수록 불행해진다.

만약 기도를 하다가, 참선을 하다가,
보시를 하다가, 정진을 하다가
저절로 눈물이 날 때가 있다면,
인간의 윗 단계인 천상天上으로 가는
아름다운 티켓일 것이다.

2장

거룩한 눈물

파자소암 婆子燒庵

한 노보살이 토굴에서 공부하는 수좌스님을 10년 동안 시봉했다. 어느 날 예쁜 막내딸을 토굴로 보냈다. 스님을 시험하기 위해서였다.

딸에게 시키기를 "스님 무릎에 앉아서 입을 맞추거라. 그리고 스님이 어떤 반응을 보이는지 알아오거라."고 했다.

딸이 돌아와 말했다.

"스님께서 말씀하시기를 '삼동三冬 고목古木에 차디찬 바위덩어리가 기대는 것 같다'고 하십니다."

노보살은 딸의 말이 떨어지기 무섭게 발끈했다.

"내가 10년 동안 한낱 속한俗漢을 모시는 헛고생을 했구나!"

그 길로 가서 토굴에 불을 질러버렸다. 그리고 큰소리로 말했다.

"1등 수좌는 말이 끊어진 언어도단言語道斷이니 말하지 않겠다. 2등 수좌는 수류거隨流去이다. 분별없이 상황의 흐름에 따른다. 이미 너와 나라는 분별심分別心, 즉 주객主客과 능소能所가 사라졌다. 3등 수좌는 아무 감각이 없다는 표정을 짓기는 하나, 공空에 대한 집착에서 벗어나지 못하고 있다. 바로 수좌와 같이, 삼동 고목에 차디찬 바위 어쩌고저쩌고하는 부류이다. 열등 수좌는, 자신의 고락苦樂 업력業力에 끄달려 색욕色慾에 탐착하고 마는 것이다."

●

선가의 유명한 화두인 파자소암婆子燒庵의 일화다. 선기禪機가 번뜩이는 노보살이다. 스님을 시험하겠다는 아만심我慢心만 빼면 마음을 거의 깨친 수준이다.

전화를 하고 있으면서 휴대폰을 찾는 경우가 있다. 건망증 수준이다. 전화를 들고 이것이 뭘까 하고 고개를 갸웃거린다면 치매 수준이겠다.

가끔 애가 타거나 화가 나거나 시비를 하는 경우가 많다. 물론 애를 태워도, 화를 내어도, 시비를 해도, 결국은 인연因緣 과보果報가 따를 것임을 알기는 한다. 알면서도 잘 안 된다. 건망증 수준이다. 만약 인연 과보, 즉 인과因果조차 알지 못한다면 치매 수준이겠다.

인과가 어쩌고 하면, 무슨 귀신 씻나락 까먹는 소리냐고 힐난하는 이가 많다. 지금 먹고살기가 얼마나 어려운데, 각박한 세상을 살아가느라 정신이 하나도 없다고 푸념하면서 말이다. 차라리 빵 한 조각이 오히려 더 진리에 가깝다고 말하는 이들도 있다.

그러나 산다는 것이 지금 이 시간뿐이던가. 매일 매시간 먹고 사는 타령만 하다가 속절없이 생을 마칠 것인가? 그러면 짐승들의 삶과 무엇이 다를 것인가? 하물며 짐승은 그래도 업業의 과보를 받고 있기는 하지만, 더 이상 업을 짓지는 않는다. 의지로 사는 것이 아니기 때문이다.

먹고 사는 것, 부모 자식을 사랑하는 것, 가족을 위하는 것, 공동체를 보호하는 것, 이런 행위들은 짐승들도 다 하는 것이다. 하물며 배가 부른데도 더 빼앗으려 하거나, 자연을 파괴하거나, 저인망으로 싹쓸이를 한다거나 하는 행위들은 오히려 짐승만도 못한 경우이다.

　탐진치貪嗔痴, 탐욕·성냄·분별의 업과業果를 다 어찌 하려는가? 그래 놓고 더 갖지 못해 억울해하거나, 조금 손해 봤다고 죽자고 덤비거나, 마음에 들지 않는다고 싸움을 일삼거나, 경쟁에서 무조건 이기려 하거나 등등. 참으로 걱정하지 않을 수 없다.
　만약 그렇게 해서 마음이 편안하다면 더는 나무라지도 않겠다. 하지만 욕심에는 인과가 작동하여 늘 괴로움이 따른다. 진정으로 욕심 부리지 않고 마음을 비워서 하는 일에만 고락苦樂의 과보가 따르지 않는다. 조건 없는 보시布施에는 괴로운 업과가 없다.

　현재 지금 편안해야 한다. 그러면 시간이란 현재가 지속되는 것이므로 영원히 편안해진다. 순간순간 욕심을 버려야 편안해진다. 욕심이 생길 때, 인과를 생각하면 욕심을 부리지 않게 되어 편안해진다. 화가 날 때 인연 과보를 생각하면 편안해질 것이다.

원하는 바가 이루어지지 않아 속상할 때, 인과를 생각하라. 몸이 아플 때, 인과를 생각하라. 짜증이 날 때, 인과를 생각하라. 두렵고 무서울 때, 인과를 생각하라. 무기력할 때, 인과를 생각하라. 근심 걱정이 생길 때, 인과를 생각하라.

인과는 더도 덜도 한 치의 오차가 없다. 밤이 깊을수록 새벽이 가까운 것과 같고, 해가 지는 것은 해가 다시 뜨기 위함이다. 겨울은 봄을 재촉하는 시간이고, 뜨거운 여름은 가을의 결실을 맺기 위한 시간이다. 그러므로 걱정 근심은 기우杞憂에 불과하다.

인과를 믿는 것보다 더 수승한 것은 좋다, 싫다 분별하지 않는 것이다. 그러면 인과조차도 없으니, 좋고 싫은 일 자체가 생기지 않는다. 그대로 수류거隨流去이고, 적멸寂滅 중도中道이다. 절로 춤이 나온다.

굽은 것이 곧은 것이다

"누가 저 굽은 소나무를 곧게 만들 수 있겠는가?"
"???"
큰스님께서 제자들에게 물었으나 아무도 대답을 하지 못했다.

그때 한 제자가 큰 소리로 말했다.

"큰스님, 저 소나무는 구불구불 구부러져 있습니다."

큰스님이 크게 웃었다.

"맞다. 있는 그대로 보는 것이 곧게 보는 것이다."

덧붙여 말씀했다.

"곧아서 옳거나 좋다 하지 말고, 굽었다고 그르거나 싫다 하지 않아야 분별심이 없어 편안한 마음이 되느니라."

백은 대선사

절 아래 마을에 한 처녀가 결혼도 하지 않고 임신을 하였다.

부모들이 "누구 아이냐"고 닦달을 하니, 처녀가 마지못해 "다니던 절의 스님"이라고 거짓말을 했다. 부모들은 당장 절로 올라가 스님에게 책임지라며 아이를 놓고 갔다.

스님은 아무 말도 하지 않고 아이를 정성껏 업어 키웠다. 사람들은 스님을 파렴치한이라며 손가락질하고 경멸했다.

1년이 지난 후, 처녀는 도저히 양심을 속이지 못하고 부모에게 이실직고하였다. 옆집에 있는 청년이 아이의 아빠라고 고백했다. 부모와 처녀는 절에 올라가서 스님께 백배사죄하면서 용서를 구했다.

스님은 아무런 말씀이 없었다.

이 스님은 청정 율사이면서 위대한 선승으로 온 대중들로부터 추앙을 받았던 백은(白隱, 1685~1768) 대선사이시다.

코뿔소의 뿔처럼 혼자서 가라

소리에 놀라지 않는 사자처럼

그물에 걸리지 않는 바람처럼

진흙에 더럽혀지지 않는 연꽃처럼

무소의 뿔처럼 혼자서 가라.

●

최초의 경전인 『숫타니파타』에 나오는 구절이다. '무소의 뿔처럼 혼자서 가라'는 대목에 대해 구구한 해석이 많다. 아무래도 '무소'라는 단어의 모호성에서 기인하는 듯하다. 여기서 무소는 코뿔소를 지칭한다. 알다시피 코뿔소는 뿔이 하나다. 앞으론 '코뿔소의 뿔처럼 혼자서 가라'라고 번역하는 것이 더 나을 것 같다.

'남의 도움 없이 혼자서 해결하라'는 의미로 푸는 경우가 대부분이다. 물론 전혀 틀린 말은 아니다. 정확하게 말하면 이것과 저것이라는 분별심을 갖지 말라는 뜻이다. 소리, 그물, 진흙이라는 장애는 분별하는 마음에서 비롯된다. 사자와 바람과 연꽃처럼, 조건과 환경을 탓하지 않고 상대적인 분별을 넘어선다면 그것이 곧 부처의 경지일 것이다.

사찰 입구마다 세워진 일주문一柱門의 의미도 이와 같다. 일주문은 가로 기둥이 한 줄로 되어 있다. 상대적인 생각과 감정의 갈등을 내려놓고 오롯이 분별되지 않은 한 마음, 코뿔소의 뿔이 되어야 한다는 뜻이다.

궁극적으로 인생이란 결국 혼자 가는 길이라는 것이다. 나의 업은 내가 지은 것이므로 내가 받아야 한다. 부모든 배우자든 자식이든, 그 누구도 나를 대신하여 받을 수는 없다. 자기 몫은 스스로 받는 것이라는 말이다.

서로가 서로를 통해 웃고 울고 영향을 주고받는 것처럼 보인다. 하지만 실은 본인 고락苦樂의 자업自業이 부모나 자식을 통해 나타나는 것에 지나지 않는다. 남 탓을 할수록, 남에게 떠넘길수록 자신의 업은 눈덩이처럼 커져만 간다.

불교를 한마디로 요약하라면, 인과因果 그리고 자업자득自業自得이다.

결국은 각자가 무소의 뿔처럼 혼자서 갈 수밖에는 없다는 것이다. 물론 우리는 인연 연기에 얽힌 존재들이므로, 서로가 서로를 도와가며 살아야 한다. 다만 이때 물질이나 명예를 제공하는 것은 참다운 도움이 아니다. 가난과 불명예라는 과보를 낳기 때문이다.

각자가 가지고 있는 업을 순화시키고 소멸할 수 있도록 부처님의 법을 부지런히 전하고 행하는 것으로 서로 도와야 한다. 그것이 진정한 부처님 제자의 길이다.

거룩한 눈물

어느 날 홀로 아이를 키우고 있는 남자가 회사에서 돌아와 씻고 침대에 누우려고 이불속으로 들어갔는데, 바닥이 축축해서 살펴보았더니 컵라면 국물이 흥건했다. 남자는 일곱 살 아들에게 왜 이런 장난을 쳤냐며 다짜고짜 아이를 때렸다. 아이는 아무 말 없이 울기만 했다.

얼마 후 한 통의 전화가 왔다. 유치원에서 아이가 없어졌다는 것이다. 부랴부랴 회사를 조퇴하고 아이를 찾으러 온 동네를 뒤졌다. 놀이터에서 아이 혼자 그네를 타고 있었다. 이번에도 다짜고짜 "아빠 속을 이렇게 썩이면 어떡하느냐."며 아이를 때렸다. 아이는 작은 목소리로 잘못했다며 조용히 눈물만 흘렸다.

이튿날 우체국에서 전화가 왔다. 아이가 우표도 붙이지 않고 수신처도 없이 편지 300통을 한꺼번에 우체통에 넣었다는 것이었다. 남자는 "안 그래도 힘든데 너까지 도대체 왜 이러느냐"며 아이를 또 때렸다. 이때도 아이는 잘못했다며 울기만 하였다.

편지를 하나하나 뜯어보았다. '하늘에 계신 엄마'에게 쓴 편지였다.

힘든 아빠를 위해 컵라면에 물을 붓고 식을까 봐 이불 속에 묻었다는 내용과 유치원에서 재롱잔치가 열린 날, 자기만 엄마 아빠가 없어서 놀이터에서 울고 있었는데, 아빠가 나타나는 바람에 아무 일도 없는 것처럼 그네를 탔다는 내용이었다. 그리고 그동안 엄마가 보고 싶어 매일 편지를 써서 부치려 했으나 우체통에 키가 닿지 않아 부치지 못하다가 이제 키가 닿아서 300통 전부를 부친다는 내용이었다. 남자는 하염없이 눈물을 흘리며 자신을 원망했다.

●

살다 보면 가끔 눈물을 흘릴 때가 있다. 몸이 몹시 아프거나, 가슴이 찢어지게 억울하거나, 극심한 죄책감을 느낄 때, 측은지심이 일어날 때 등등. 아무튼 슬픈 감정이 들면 눈물이 흐른다.

반면 너무나 기쁠 때에도 눈물이 흐른다. 큰 상을 받았을 때, 오랫동안 바라던 바를 기어이 이뤘을 때, 상대방이 결국엔 나의 진심을 알아줄 때 등등. 즐거운 쪽으로든 괴로운 쪽으로든 감정이 일정한 한계를 넘어 '북받치면' 눈물이 흐르는 것이다.

감동을 받아도 기쁨의 눈물이 나오지 않는다면, 아직 감동 받기엔 모자라다는 생각이 들어서일 터이다. 반대로 참혹한 고통을 보아도 슬픔의 눈물이 나지 않는다면, 피도 눈물도 없는 감정의 소유자일 것이다.

눈물을 흘릴 줄 아는 사람은 눈물이 보내는 메시지를 이해하는 사람이다. 참회의 눈물을 흘렸던 당시의 기분을 잊지 않고 더 이상 지나친 욕심을 부리지 않는다. 어떤 상황에서 눈물이 난다면, 더 이상의 욕심을 부리지 말라는 경계의 신호로 여기면 된다. 만약 기도를 하다가, 참선을 하다가, 보시를 하다가, 정진을 하다가 저절로 눈물이 날 때가 있다면, 인간의 윗 단계인 천상天上으로 가는 아름다운 티켓일 것이다.

법거량

사명대사가 금강산 장안사에서 수행하던 서산대사를 찾아가 대뜸 물었다.

"새 한 마리가 제 손 안에 있습니다. 이 새를 살릴까요? 죽일까요?"

서산스님의 법기를 시험해 보기 위한 법거량法擧揚이었다.

서산대사는 자기가 살리라고 하면 사명대사가 새를 죽일 것이요, 죽이라고 하면 살릴 것이라는 것을 눈치챘다. 그래서 이렇게 맞받아쳤다.

"그렇다면 지금 내가 발 하나는 문지방 안에, 나머지 발은 문지방 밖에 있는데 들어갈까요? 나갈까요?"

사명대사는 말문이 막혔다. 자신과 마찬가지로 나오라 하면 서산대사는 들어갈 것이요, 들어가라 하면 나갈 것이 뻔했다.

재치 있게 받아친 서산대사가 말을 이었다.

"스님께서 살생을 할 수는 없을 터이니 설마 죽이기야 하겠소?"

사명대사도 말을 이었다.

"큰스님께서도 손님이 왔는데 설마 방으로 들어가시기야 하겠습니까?"

이후 사명대사는 서산대사의 제자가 되었다.

●

여름철 하안거夏安居 수행이 시작되면 전국 선원禪院에서는 약 2천5백여 명의 수좌 스님들이 참선參禪 정진에 들어간다. 짧게는 하루 8시간, 길게는 12시간 이상 꼼짝하지 않고 좌선坐禪을 한다. 보통 사람의 경우는 한 시간도 가만히 앉아 있기가 어려운 법인데, 참으로 대단하고 자랑스러운 일이다.

그런데 스님들은 왜 이런 어려운 수행 정진을 하는 것일까? 물론 생사生死 해탈解脫하여 견성見性 성불成佛하기 위해서다. 세속의 인연을 결연히 끊고 입산入山 출가出家한 이유이기도 하다.

그렇다면 생사해탈이란 무엇이고 견성성불은 또 무엇인가?

한마디로 고통과 괴로움에서 완전히 벗어나는 것이다. 그러기 위해서는 기분이 좋지 않은 감정을 완벽하게 제압해야 한다. 몸이 아파 마음이 괴로운 것은 물론이고, 일체의 걱정과 근심이 없어야 한다. 한마디로 때와 장소를 가리지 않고 어떤 경우와 어떤 상황에서도, 마음에 걸림이 없고 동요가 없어야 한다. 이게 과연 가능할 것인가? 가능하다. 부처님께서는 오직 분별分別하지 않으면 그 즉시 생사해탈이 이루어진다고 하셨다.

물론 세상을 살면서 분별하지 않을 수 없다. 무분별한 사람은 사회에 해악을 끼친다. 여기서 말하는 '분별하지 말라'는 가르침의 정확한 의미는, 구분과 구별은 얼마든지 해도 좋은데 다만 그로 인해 좋고 싫은 감정을 일으키지 말아야 한다는 것이다. 이렇게 되도 저렇게 되도 괘념치 않고 유유자적하는 마음가짐을 가지라는 것이다. 그저 있는 그대로 보고 듣고 받아들이는 일이다.

예컨대 성공할 수도 있고 실패할 수도 있다. 그러나 성공을 했다 해서 기뻐하거나, 실패를 했다 해서 슬퍼하지 않는 것이 진정한 무분별심無分別心이다. 시험에 합격했다 해서 즐거워하거나 떨어졌다 해서 괴로워하지 않는 것이다. 즐거워하거나 괴로워하는 순간, 고락의 인과가 덮칠 것이기 때문이다.

출가수행을 하는 목적은 바로 이러한 고락의 분별을 없애기 위함이다. 고락의 업을 재촉하는 탐진치貪嗔痴, 곧 탐욕·분노·분별심의 삼독심三毒心에서 초극하기 위함이다. 정의가 어떻네 평화가 어떻네, 성공이 어떻네 잘 사는 것이 어떻네 하며 아무리 이리 따지고 저리 따져본들, 고락의 인과에 걸릴 수밖에 없다.

영원히 좋고 즐겁고 기쁘고 행복하고 만족스러운 것은 이 세상에 존재하지 않는다. 큰 기쁨을 맛봤다면 그만큼 참담한 슬픔을 당하는 것이 이치다.

서산대사와 사명대사의 법거량은 아름답고 정답다. 서로가 지닌 무분별심의 경지를 확인하고 사이좋게 사제지간이 되었다. 도가 매우 높고 일반인들이 생각하는 수준을 뛰어넘은 분들의 대화이므로, 자못 이해하기 힘들 수도 있다.

그러나 다만 말뜻을 잘 모르더라도 두 사람이 화합하는 모습은 누가 봐도 보기가 좋을 것이다. 이처럼 무분별의 결과는 평안과 평화다.

아내의 아름다운 '눈망울'

 사고로 실명하여 앞이 보이지 않는 아내를 위해 매일 아침 맹인학교에 데려다주던 남편이 어느 날 아내에게 이제는 그만 혼자서 다니라고 말했다. 아내는 내심 서운한 마음으로 집을 나서 버스를 탔다.

 홀로 학교를 오가던 어느 날 버스 기사가 아내에게 말했다.

 "당신은 매우 훌륭한 남편을 두었구려."

 의아한 표정을 짓는 아내를 보며 버스 기사가 다시 말했다.

 "남편이 늘 옆에 있으니 말이오."

 남편은 아내 곁을 떠나지 않았던 것이다.

●

　짠하면서도 아름다운 이야기다. 아내는 눈을 잃었지만 평생 눈이 되어줄 남편을 갖고 있다. 세상에는 불우한 환경 속에서 살아가는 사람들이 많은데, 어려운 역경에서도 나름 즐겁게 열심히 살아가는 이들이 있는가 하면, 아주 작은 불편함도 견디지 못하고 스스로를 괴롭고 힘들게 만드는 이들도 적지 않다.

　모든 것은 마음먹기에 달렸다고 한다. 행복과 불행은 마음을 어떻게 쓰느냐에 달려 있고, 생각이 바뀌면 현실도 바뀐다. 몸과 마음을 자유자재로 신통을 부릴 수 있는 아라한阿羅漢에 비한다면 보통의 일반인들은 모두가 장애인일 수 있다. 또 짐승이나 벌레에 비한다면, 조금 몸이 성치 않다 하더라도 훨씬 더 우월한 존재라고 할 수 있겠다. 이때 자기보다 못한 아래를 보고 위안을 삼는다면 큰 불만이 없다. 하지만 보통의 사람들은 항상 자기보다 잘난 위를 쳐다보면서 스스로 좌절하고 화를 내며 억울해한다.

　중요한 것은, 모든 중생은 결과적으로 평등하다는 것이다. 아무리 조건이 좋은 사람도 괴로운 마음이 나타날 시간 즉, 고업苦業의 때가 되면 괴로운 일이 생기면서 마음이 괴롭게 된다. 반대로 아무리 악조건에 있는 사람도 즐거운 마음이 나타날 시간 즉, 낙업樂業의 때가 되면 즐거운 일이 생기면서 마음이 즐겁고 행복하게 된다.

겉으로 나타난 불리한 조건이 결코 불리하지 않은 것이고, 또 유리한 조건이 결코 유리하지 않은 것이다. '좋다 싫다'는 마음은 내 마음의 그림자에 지나지 않는다. 그림자의 멱살을 잡는 것은 어리석은 일이다.

'마음을 비웠다'는 착각

"이제 실오라기 하나 걸치지 않았습니다. 이젠 제 마음속에 욕심이나 번뇌 따위는 하나도 없습니다."

"뭐가 없고 뭐를 걸치지 않았다고?"

"마음을 완전히 비워서 실오라기 하나 걸치지 않았습니다."

"그래? 참으로 굉장한 걸 걸치고 있구나."

"????"

●

어느 젊은 수좌首座가 한 철 정진精進을 끝내고 자신만만하게 조주스님을 찾아와 자랑을 하는 장면이다. 하지만 자신의 알량한 생각에 도취한 것일 뿐, 조주스님의 날카로운 지적에 힘입어 비로소 참된 깨달음을 얻었다는 후문이다.

말은 생각의 그릇이요, 우리는 언제나 자신의 생각을 말하게 되어 있다. 정말 마음을 비운 사람이 어떻게 마음을 비웠다고 말할 수 있는가. 도리어 '마음을 비웠다'고 하는 생각이 머릿속에 꽉 차 있을 뿐이다.

가끔 신도가 찾아와 "나는 욕심도 없고 남에게 피해준 일이 살면서 단 한 번도 없는데 왜 이리 일이 잘 풀리지 않고, 남들에게 원망을 듣는지 모르겠습니다. 스님, 왜 그럴까요?" 하고 묻는다. 마음 같아서는 "그런 생각을 하는 자체가 욕심을 부리는 것"이라고 따끔하게 혼내주고 싶지만 마음이 상할까 염려되어 "앞으로도 그렇게 좋게좋게 살아간다면 곧 일이 잘 풀리게 될 것"이라고 '좋게좋게' 말해준다.

늘 설명하는 것이지만 사람들은 항상 '어떻게 하면 잘 될까? 어떻게 하면 서로 잘 지낼까?'에 골몰한다. 그리고 잘 되고 잘하는 것만이 좋은 것이라고 확신한다. 그러나 불교적으로 보면, 잘 된 것은 절대 잘 된 것이 아니고 잘한 것도 그리 오래 가지 않는다.

일이 잘 풀릴수록 일이 잘 풀리지 않는 과보가 따르고,

인간관계가 원만할수록 배신을 당하게 되는 과보가 닥치기 마련이다. 어쩔 수 없다. 인과因果의 질서가 본래 그렇게 되어있으니 거부하거나 빠져나갈 방도가 없다. 낮이 있으니 밤이 있는 것과 같다.

그럼 도대체 어떻게 해야 하느냐고 묻는다. 간단하다.

잘 되기를 바라지 말고 못 됐다고 절망하지 말자. 잘되고 못되는 두 가지의 분별된 생각을 떠나야 인과가 나타나지 않게 된다. 가는 것이 있으면 응당 오는 것이 있다. 가는 것을 옳다고 하거나, 오는 것을 그르다고 하는 분별심分別心이 문제다. 가는 것은 그냥 가는 것이고, 오는 것은 그냥 오는 것이다. 내가 뭘 크게 잘못해서, 운이 나빠서, 세상인심이 흉해서 그런 것이 아니다.

살다 보면 당연히 죽는다. 살았으니까 당연히 죽어야 하는 것이다. 그런데 살면 좋고, 죽으면 싫다고 하는 것은 무슨 심보인가? 사는 것은 그냥 사는 것이요, 죽는 것도 그냥 죽는 것이다. 그럼에도 산다면 웃고 죽는다면 우니 참으로 딱한 노릇이다. 좋다고 좋아하지 말자. 그 순간 싫어함이 칼을 빼 들 것이다.

습관의 무서움

스님이 길을 가는데 한 젊은이가 울고 있었다.

"그대는 왜 우는가?"

"저는 원래 눈이 멀었으나 지금 갑자기 눈이 떠졌습니다. 그러나 오히려 모든 것이 헷갈려서 도저히 집을 찾지 못하겠습니다."

"그럼 눈을 감고 찾아보게나."

젊은이는 눈을 감고서야 집을 찾을 수 있었다.

●

사람은 업식業識으로 살아간다는 것을 단적으로 보여주는 이야기이다. 업식이란 오랜 습관을 의미한다. 흔히 '눈 감고도 갈 수 있는 길'이라고 말을 한다. 항상 가던 길이다 보니 그만큼 지리에 익숙하다는 뜻이다. 우리도 앞을 못 보던 젊은이처럼 습관적으로 살아간다. 그렇게 사는 게 일단 편하고 속 편하다. 그러다 막상 그간 보지 못했던 진실이 눈앞에 나타나면 당황하고 주저하다가 끝내 받아들이기를 거부한다.

우리는 안이비설신의眼耳鼻舌身意, 눈·귀·코·혀·몸·생각이라는 육근六根에 힘입어 세상을 인식하고 파악한다. 그러나 눈이 있어도 제대로 보지 못하고, 귀가 있어도 제대로 듣지 못한다. 코와 혀와 몸과 뇌가 도리어 우리의 정신을 오염시키거나 훼손하기도 한다. 이는 자신의 욕심을 채우기 위한 도구로 육근을 이용하기 때문이다.

항상 가던 길이 편한 길은 될 수 있을지언정 옳은 길은 되지 못한다. 지금껏 가보지 않은 길에는 늘 설렘과 활력이 있다. 욕심을 쉬어서 분별하지 말자. 있는 그대로 수용할 수만 있다면, 있는 그대로 보살이 되고 부처가 되어 아름다운 삶을 영위할 수 있을 것이다.

마음의 홈런

한 소년이 시력이 점점 나빠지다 결국 앞이 보이지 않게 되었다. 한 단체의 도움으로 수술을 받을 수 있게 됐지만 수술이 두려웠던 소년은 극구 거절하였다. 야구를 좋아하던 소년을 위해 야구팀에서 소년을 경기에 초청했다. 소년은 자기가 좋아하는 선수가 홈런을 치면 기꺼이 수술을 받겠다고 했고, 그 선수는 홈런을 치겠다는 약속을 했다. 그러나 끝내 홈런을 치지 못한 채 삼진 아웃을 당하고 말았다.

잠시 정적이 흘렀다. 이후 아나운서와 해설자는 장내가 떠나가라 큰소리로 외쳤다.

"홈런입니다 홈~~런~~~. 하늘에 떠있는 달을 맞출 것 같은 초대형 홈런입니다~~."

소년은 크게 기뻐하며 수술을 받았고 밝은 눈을 되찾게 되었다.

●

감동은 힘든 여건에서 나온다. 고난이 없으면 감동도 없다. 겨울은 봄을 만나기 위한 준비과정이다. 바꾸어 말하면 어려움에는 이미 어려움에서 벗어날 수 있는 해법과 희망이 내포되어 있다. 세상에는 영원한 어려움도 없거니와 영원히 쉬운 것도 없다. 어려움과 쉬움은 일란성 쌍둥이와 같은 것이다.

기분이 나쁜 이유는 한때 기분이 좋았기 때문이다. 그 이상도 이하도 아니다. 일생을 살면서 맛보는 '기분 좋음'과 '기분 나쁨'의 양은 똑같다. 억울한 일이 많았다거나 손해를 더 봤다거나, 아무리 정밀하게 계산을 해봐도 아닌 것 같다고 생각할 수도 있다. 아니다. 분명 착각했거나 무언가 누락된 것이다.

무엇을 위해 희생을 하나?

 자기 견해가 옳다는 걸 보여 주기 위해 스스로 열반에 든 스님이 있었다. 중국 당나라 구봉도건九峰道虔 선사가 좌탈입망坐脫立亡한 그의 등을 쓰다듬으며 말했다.
 "살고 죽는 것은 마음대로 할지 모르지만 불법佛法은 꿈에도 보지 못하였구나."

●

 정의正義란 무엇인가? 옳음을 위해 나는 무엇을 해야 하나? 싸워야 할까? 모든 이의 평화와 행복을 위해 나 자신을 희생할까? 가끔 고민할 때가 있다.
 불교적인 입장에서 보면 정답은 없다. 투쟁하든 침묵하든 어떤 것을 선택하든, 그 자체가 답이고 결론이다. 정의를 중시하는 일반적인 시각에서 보면 마뜩치 않을 수 있다. 심지어 비겁하다고 생각할 수도 있다. 그러나 조금만 곰곰이 생각해보면 금방 이해할 수 있다.

세상에 존재하는 모든 것은 생로병사生老病死하고 성주괴공成住壞空한다. 나타난 것은 얼핏 성하고 건강하게 보이더라도 응당 쇠하고 멸한다. 물질도 그렇고 생각과 감정도 그러하다. 우리가 무언가를 선택했다 하더라도 그 선택 자체가 실체가 없는 허상인 것이다.

사람의 감정은 본능적으로 자기가 좋아하는 것으로 쏠리게 마련이다. 정의를 부르짖는 것도 결국은 그것이 내가 '좋아하는' 관념이기 때문이다. 그리고 내가 좋아하는 것이니까 옳은 것이 되는 것이다.

이 세상에 영원히 옳은 것은 없다. 관념일 뿐, 실체는 없다. 옳은 것을 주장하는 한, 그른 것이 항상 나타난다. 인과因果의 섭리다. 바람이 불면 파도가 친다. 바람은 옳고 파도는 그른가? 아니면 파도는 옳고 바람은 그른가?

'엔도르핀'의 유래

20여 년 전 미국 플로리다 템파베이에서 있었던 일이다.

어느 티베트 스님이 여행을 하던 중 갑자기 쓰러졌다. 내장이 파열된 것이다. 수술을 해야 하는데 스님은 계율에 어긋난다며 마취를 거부했다. 마취 없이 진행된 6시간의 긴 수술 중에도 스님은 소리 한번 지르지 않았다.

괜찮았냐고 의사가 물었다. 스님은 통증을 전혀 느끼지 않았다고 했다. 피를 뽑아 정밀 검사를 해 보니, 혈액에서 이상한 물질이 검출되었다. 그 후 의사들은 그 물질의 이름을 '엔도르핀'이라고 명명했다.

라틴어 엔도endo는 내부를 뜻한다. 오르핀orphine은 모르핀(마취제)에서 따온 말이다. 곧 '엔도르핀'은 '체내에서 생성

되는 마취제'라는 뜻이다.

●

몸으로부터 받는 느낌은 여러 가지이다. 부드러움과 짜릿함, 간지러움이나 따가움, 극도의 쾌감이나 극심한 통증 등등. 이를 크게 나누면 즐거움과 괴로움, 고락苦樂으로 집약할 수 있다. 마음뿐만 아니라 몸에서도 좋고 싫은 고락의 업業이 번갈아 나타난다. 인과因果의 작용에 따라 좋은 만큼 싫은 느낌을 받게 되는 것이다.

마취를 하지 않은 채 몸에 수술칼을 대면 엄청난 고통을 느끼게 마련이다. 그리고 이는 그동안 몸을 통해 느꼈던 즐거움과 기쁨의 대가다. 마찬가지로 신체적 고통의 과보果報는 다시 몸에서 느껴지는 부드러움과 황홀한 촉감으로 이어질 것이다.

수행修行이란 궁극적으로 고락의 분별을 없애기 위한 수단이다. 곧 수행이 고도로 완성되면 좋고 싫은 분별심이라는 업이 없어지게 된다. 이것도 저것도, 이것이 사라진 만큼 저것도, 극도의 쾌감도 극심한 통증도 동시에 사라지게 되는 것이다. 메스로 생살을 쨴다 해도 그렇다.

티베트의 스님은 아마도 수술을 하는 동안 좋고 싫은 고락을 분별하지 않는 선정禪定의 경지에 들었을 것이다. 따라서 적어도 선정에 든 시간 동안에는 몸에서 나오는 분별의 업이 정지되었을 것이다. 고락의 감정에서 초월해 있으니 통증을 전혀 느끼지 않은 것이다.

엔도르핀은 좋고 싫은 고락의 분별을 떠날 때 몸과 마음에 두루 퍼진다. 그 어떤 괴로움과 고통도 침투하지 못하게 된다. 기도와 참선, 보시와 정진은 엔도르핀을 만들어내는 공장이다.

업業을 줄이자

며칠을 굶은 사람들이 팔 길이보다도 기다란 숟가락으로 밥을 먹어야 했다. 나쁜 업業이 두터운 사람들은 결국 한 숟가락도 먹지 못하고 모두 굶어 죽었다. 그러나 좋은 업業을 가지고 있는 사람들은 모두 밥그릇을 깨끗이 비우고 배가 불러 만족해했다.

업이 두터운 사람들은 혼자만 먹으려다가 모두 죽고 말았고, 업이 좋은 사람들은 서로가 서로에게 떠먹여 준 것이다.

●

욕심을 부리다 보면 욕심을 부린 만큼의 과보果報를 받는다. 반대로 욕심을 버리면 반드시 살 길이 열린다. 화합하는 가운데 지혜가 생긴다. 살다 보면 예기치 않은 일들이 부지기수로 일어난다. 억울한 일들도 많다. 시비是非할 일은 더더욱 많다. 아주 작은 일부터 큰일에 이르기까지 하나하나 세세하게 신경 쓰다 보면, 숨이 막혀 한 시간도 버티기 힘들다.

역사적으로 그 어느 때보다 스트레스가 많은 시대다. 사람들의 신경이 극도로 예민하다. 옛날 사람이나 지금 사람이나 사람은 사람이다. 오히려 과학과 문명의 발달로 비할 바 없이 편리한 세상이 되었다. 그럼에도 불구하고 못 살겠다고 죽고 싶다고 아우성이다. 이유가 뭘까?

불편하고 괴로운 일이 생기는 까닭은 간단하다. 편하고 즐거운 일을 '경험했었기' 때문이다. 그때 그 경험처럼 편하고 즐거운 상태가 계속해서 유지되지 않으면, 그 경험을 잊지 못해서 불편하고 괴로워한다. 지금 당장 좋은 업이라고 해서 기뻐할 일이 아니다. 좋은 업은 사실, 좋지 않은 업이 데리고 다니는 인질과 같다.

전화위복으로 목숨을 건지다

 나귀 한 마리와 개 한 마리를 데리고 여행을 하던 나그네가 어느 마을 헛간에 여장을 풀었다. 잠들기 전에 등불을 켜고 책을 읽고 있는데 갑자기 바람이 불어와 등불이 꺼져 버렸다.

 아침에 일어나 보니 밤사이 여우가 와서 개를 죽였고, 사자가 와서 나귀를 물어갔다. 낙심한 채 헛간 밖으로 나와 마을을 둘러보는데, 도적떼가 습격해 마을을 쑥대밭으로 만들고 단 한 사람도 살려두지 않았다.

 나그네는 생각했다.

 '등불이 꺼지지 않았다면 도적떼에 들켜 죽었을 것이다. 여우가 개를 죽이지 않았다면 개가 짖어 도적에게 띄어 죽

었을 것이다. 사자가 나귀를 물어가지 않았다면 이 또한 들켜서 죽었을 것이다.'

결국 살아남게 된 이유는 불행한 일처럼 보인 세 가지 사건 때문이라는 것을 깨달았다.

●

사람들은 보통 지금보다 더 좋아질 것을 원한다. 그리고 지금보다 조금이라도 더 나쁘게 되면 몹시 불쾌해하고 괴로워한다. 하지만 때로는 전화위복轉禍爲福이다. 나쁜 일이 뜻하지 않게 좋은 일로 돌아오면, 기쁨이 더 크게 마련이다.

그러니 매사에 감사하는 습관을 갖자. 지금보다 더 좋은 것을 바라기보다, 최악의 사태가 나지 않은 것을 감사하자. '이만하기를 다행'이라고 늘 생각하자. 그러면 마음은 늘 평안한 상태를 유지할 수 있다.

사람들은 언제나 잘못된 이유를 찾으려 한다. 직접적으로 하나의 잘못된 원인을 지목할 수는 있겠지만, 근본적인 원인은 되지 못한다. 연기緣起는 인드라 망網이다. 온 우주는 거대한 그물처럼 연결되어 서로서로 영향을 주고받으니, 결코 특정한 하나에서 원인을 찾을 수 없다. 원인을 따지려

들면 아마도 수만 가지가 넘을 것이다. 아예 태어나지 말았어야 한다.

'해와 바람'의 우화

해와 바람이 논쟁을 벌였다.

해가 말했다.

"나는 마음씨가 고와서 사람을 해하지 않고도 옷을 벗길 수가 있다."

이에 바람이 응수했다.

"나는 좀 거칠기는 하지만 옷을 바람에 날려서 벗기겠다."

따뜻한 햇살을 오래 비추자 농부는 저절로 옷을 벗었다. 해가 이겼다.

오기가 발동한 바람이 제안했다.

"그럼 이번에는 옷을 먼저 입게 하는 시합을 하자."

바람이 찬바람을 일으키자 결국 농부는 옷을 다시 입고

말았다. 결국 비겼다.

해는 스스로 마음이 곱다고 말해놓은 게 있으니, 화도 내지 못하고 끙끙 앓다가 결국 얼굴에 흑점黑點이 생겨났다. 바람은 힘을 너무 많이 쓴 나머지, 한 점의 바람도 일으키지 못하고 쓰러졌다. 세상은 고요해졌다.

●

잘 알려진 '해와 바람'의 우화를 살짝 비틀어 보았다.

살면서 이기고 지는 것은 아무 의미가 없다는 것을 보여주는 이야기다. 패배는 원한을 낳고 승리는 악업을 낳는다. 승자나 패자나 상처투성이다. 진 것은 말할 것도 없거니와 이기고도 기분이 나쁘다면 이긴 것이 아니다.

순간순간 일어나는 좋은 감정과 싫은 감정을 세밀하게 살펴야 한다. 그리하여 좋은 것에도 집착하지 않아야 하고, 싫은 것에도 집착하지 않아야 한다. 좋아하든 싫어하든 그 감정은 나에게 반드시 앙갚음한다. 내가 상대하는 사람이 바로 부처님이다. 그리고 그가 나를 성가시게 한다면 그저 '부처님이 나에게 무언가를 가르쳐 주시는구나' 여기는 것이 이래저래 이롭다.

상대가 엄연히 잘못했다면, 그 잘못에 대해 적절하게 꾸짖어도 되고 그냥 적당히 넘어가도 된다. 조용히 조언을 해도 좋고 강하게 훈계를 해도 좋으나 결코 감정을 담아서는 안 된다. 나도 상대도 기분 나쁘지 않게 조심해야 한다. 충고가 재앙으로 돌변할 수도 있으니 말이다.

왕이 된 여우의 몰락

신장神將이 어느 날 동물의 왕을 누구로 할 것인지 고민하다 영리한 여우를 임명했다. 그리고 지켜보았다.

벼락치기로 동물의 왕이 된 여우가 어느 날 가마를 타고 거드름을 피우며 행차를 나섰다. 신장이 그 앞길에 풍뎅이 한 마리를 풀어놓았다. 풍뎅이가 가마 주위를 쉴 새 없이 돌아다니며 성가시게 굴자, 참지 못한 여우가 가마에서 뛰어내려 풍뎅이를 잡으려고 이리 뛰고 저리 뛰며 날뛰었다. 왕의 위엄은 온데간데없었다.

여우의 경망스러운 행동을 지켜본 신장은 '역시 타고난 천성은 어쩔 수 없다'며 혀를 끌끌 찼다. 여우를 다시 천한 신분으로 되돌려 놓았다.

●

　타고난 천성을 업業이라고도 한다. 업은 좀처럼 바뀌지 않는다. 매우 견고하고 웬만해선 변하지 않는다. 현재 살고 있는 자신의 처지도 그간에 쌓아온 자신의 업이 그렇게 만든 것이다. 그러나 업의 모양은 그리 중요하지 않다.

　예를 들어 부자의 모습을 하고 살든, 빈자의 모습을 하고 살든, 높은 지위에 있든 낮은 지위에 있든 크게 중요치 않다는 말이다.

　왜냐하면 업의 근본은 외양이 아닌 내면에 달려 있기 때문이다. 즐겁고 기쁘고 행복한 마음과 괴롭고 슬프고 불행한 마음이 업의 본질이다. 왜 사람들이 부와 명예를 거머쥐려고 그토록 애쓰겠는가. 마음이 즐겁고 기쁘고 행복하기 위함이다. 하지만 어떤 외모로 어떤 집안에서 태어나든, 결국 죽어야 한다는 것이다. 생기면 없어진다. 하나를 이루게 되면 하나는 이루지 못하게 되고, 하나를 얻으면 다른 하나는 반드시 잃게 된다. 욕심이 많을수록 그 욕심에 짓밟혀야 하는 것이 우리의 인생이다.

　즐거운 일과 기쁜 일이 많은 사람은 괴로운 일과 슬픈 일도 많다. 내색을 하지 않으니까 그렇지 않은 것처럼 보이는 것뿐이다.

   타고난 천성이란, 결국 좋은 것을 택하려는 욕심에서 비롯된다. 원하고 바랄수록 이뤄지는 것은 별로 없고 심보만 못되게 변한다. 딱 경박한 여우의 꼴이다.

참다운 불공

어느 4성星 장군이 비용을 두둑이 치르고 돌아가신 부친 49재를 절에서 지냈다. 그런데 주지 스님은 초재부터 일곱 번째 막재까지 일주일 전에 올렸던 음식들을 그대로 똑같이 올렸다. 이 사실을 알게 된 장군이 잔뜩 화가 나서 "그렇게 돈을 많이 드렸는데 나에게 사기를 친 것이냐."며 스님에게 따졌다.

이 말을 들은 스님은 장군에게서 받은 재비를 전부 돌려주면서 이렇게 말했다.

"처음 마음을 내어 재비를 낼 때 이미 49재를 다 올린 것이나 마찬가지입니다. 재를 지내고 지내지 않고는 형식에 불과한 것입니다. 그러나 지금 그런 마음을 가졌다면 49재는 올리지 않은 것과 같으니, 이 돈을 가지고 그냥 돌아가시오."

●

 절에 다니는 대부분의 사람들은 형식에 치우치는 경향이 있다. 스님이 얼마나 불공을 정성껏 해주는지, 염불 실력은 좋은지, 등燈은 잘 켜 주는지, 축원할 때 내 이름은 꼬박꼬박 잘 불러주는지, 꼬치꼬치 따진다.
 잘못되었다는 말은 아니다. 어쨌든 이 모든 행위들은 일차적으로 복福을 지으려고 하는 행위들이다. 그런데 복은 형식에 있는 것이 아니라 마음의 진정성에서 나오는 법이다. 최고의 베풂은 조건 없는 베풂이다. 조건이 붙으면 붙을수록 돌아오는 보상도 적다.
 가끔 축원을 부르는데 자기 이름을 부르지 않았다고 화를 내는 분이 있다. 재에 올린 음식의 '퀄리티'가 시원치 않다고 구시렁대는 분도 있다. 등을 켜는데 자기 등이 가운데 있지 않고 구석에 처박혀 있다고 불만을 토로하는 분도 있다. 재비를 좀 깎아 달라는 분도 있다. 스님이 불친절하다고 흉을 보는 분도 있다. 다른 등은 밝은데 자기 등은 불이 희

미하다고 서운해 하는 분도 있다.

 물론 다 있을 수 있는 일이고 그럴 수도 있는 일이다. 그러나 위에서 설명한 것처럼, 불공佛供은 정성이 관건이다. 정성은 형식에 있지 않고 마음을 어떻게 쓰느냐에 있다. 이미 마음을 내어 선뜻 보시를 했다면 그 자체가 정성이고 그 즉시 복을 짓는 것이 된다. 불을 켜거나, 이름을 부르거나, 재물을 바치거나 그 모두가 형식일 뿐, 실질적인 내용과는 전혀 상관이 없다.

분별심을 버려라

두 명의 율사 스님이 만행길에 강을 못 건너 애태우는 여인을 발견했다. 한 스님이 그녀를 업어 건네다 주었다. 한참을 지나서 같이 가던 스님이 실망하여 물었다.
"율사가 어찌 여인을 업을 수 있단 말인가?"
"허허~ 자네는 아직도 여인을 생각하고 있었던가?"

●

율사律師란 계율을 철저히 지키며 율장律藏을 연구하는 스님을 가리킨다. 승가僧伽에는 예부터 징크스와 같은 속설이 있다.
'경전에 밝은 강사講師는 성불成佛하기 힘들고, 율장에 밝

은 율사는 성불하기 힘들고, 화두話頭에 밝은 선사禪師는 성불하기 힘들다.'

경전도, 율장도, 화두도 모두 성불하기 위한 수단과 방법일 뿐이다. 그런데 거꾸로 이에 집착하여 수단과 방법이 오히려 목적으로 뒤바뀌기기도 한다. 그야말로 본말전도다.

부처님 역시 설산에서 수행할 때 계율을 철저히 지켰다. 음식을 제대로 드시지 못해 피골이 상접하도록 고행에 몰입했다. 하지만 부처님은 계율을 철저히 지키겠다는 생각이 오히려 집착으로 굳어져서 좋고 싫은 고락苦樂의 분별심分別心을 일으킨다는 것을 깨달았다. 그 즉시 강가로 내려와서 어린 처녀가 주는 우유죽을 받아 마시고 기력을 회복했다. 부처님과 같이 수행을 하던 사람들이 이를 보고 실망하여 녹야원鹿野苑으로 가서 따로 수행을 하였다. 그 사건이 있은 후에 부처님은 마침내 성불했다. 그리고 자신을 떠났던 다섯 사람에게 『화엄경』을 가르쳐 주며 최초의 설법인 초전법륜初轉法輪을 행했다.

법과 질서는 모든 이들의 평안을 위해 만들어놓은 수단이다. 이를 어기는 것은 절대다수의 평안을 해치는 위법違法이 된다. 하지만 법과 질서가 너무 빡빡하게 적용돼 사람들의 평안을 깼다고 한다면 수단이 목적을 방해하는 꼴이 되고 만다.

경전과 율장과 화두도 마찬가지다. 깨달음을 얻기 위한 도구일 뿐이지 그것이 본질이 되어서는 곤란하다. 뗏목을 타고 강을 건넜으면 뗏목을 버려야 한다. 뗏목을 짊어지고 걷는 삶을 행복하다고 말할 수는 없을 것이다.

오온은 공하고 실체가 없다

다섯 명의 주부가 돈을 모아서 하녀 한 사람을 고용했다.
첫 번째 사람이 하녀에게 명령했다.
"자, 빨리 내 옷을 깨끗하게 빨거라."
하녀가 그 옷을 채 빨기도 전에 두 번째 사람이 명했다.
"내 옷부터 빨거라."
세 번째 사람, 네 번째 사람, 다섯 번째 사람도 각기 자기 옷을 먼저 빨라고 명했다.
하녀는 어쩔 줄을 몰랐다.

●

이 다섯 사람은 색·수·상·행·식色受想行識의 '오온五蘊'을 상징한다. '오음五陰'이라고도 하는 오온은 불교에서 말하는 우리의 인식 체계다.

먼저 색色은 물질로 구성된 대상 세계다. 나머지 수상행식受想行識은 정신을 가리킨다. 수受는 좋다거나 싫다거나 좋지도 싫지도 않다거나 등의 감각과 감정, 느낌을 말한다. 상想은 예전의 기억을 떠올리는 표상 작용이다. 행行은 충동감과 의지적 작용, 곧 '하고 싶다', '하고 싶지 않다'와 같은 마음이다. 식識은 주관적인 판단, 분별의식分別意識이다. 즉, 상대적으로 비교하는 마음을 일컫는다.

김치를 먹을 때를 예로 들어보자. '김치'는 색온色蘊이고, '맛있다'는 느낌은 수온受蘊, '맵다'는 인식은 상온想蘊, '더 먹고 싶다'는 생각은 행온行蘊, '다른 김치보다 익었다, 또는 덜 익었다'는 분별 판단은 식온識蘊에 해당한다.

이 다섯 가지 오온이 바로 '나'다. 그러나 오온은 공空하다. 실체가 없다. 오온의 공식에서 보듯이 좋다, 싫다는 '실체'가 아니라 '느낌'일 뿐이다. 원래 없는 것을 가지고 자꾸만 있다고 고집 피우고, 원래부터 없었는데 잃었다고 낙담하는 것이 우리네 어리석은 삶이다.

손오공이 아무리 재주가 많아도 부처님 손바닥 안에서

벗어나지 못한다. 손바닥 안에서 아무리 재주를 부려봐야 거기서 거기다. 제 혼자 날뛰다가 제풀에 지치고 만다. 나도 그렇고 우리도 그렇고, 모두가 그렇다.

거지의 필살기

내로라하는 부자들이 가진 재물을 모두 배에 싣고 신천지新天地를 찾아 바다로 나섰다. 그런데 배 안의 승객 가운데에는 수중에 아무것도 없이 몸만 달랑 온 사람이 있었다. 부자들이 궁금해하며 그에게 물었다.

"당신은 재산은 무엇이며 모두 얼마나 됩니까?"

"나는 재산이 매우 많지만 지금 보여줄 수가 없군요."

그러다 항해하던 도중 해적을 만나 부자들은 재물을 몽땅 빼앗겼다. 알거지가 된 부자들은 아무것도 할 수가 없어 괴로운 나날을 보냈다. 반면 재산이 하나도 없었던 이는 마을 사람들의 스승이 되어 존경을 한 몸에 받았다. 부자들은 그제야 그의 숨은 재산을 보게 되었다.

●

　『탈무드』에 이와 비슷한 이야기가 나온다. 인생은 아무도 모른다. 예기치 않은 일들이 언제 어디서 일어날지 아무도 모른다. 하루아침에 재산을 전부 잃을 수도 있고, 끔찍하고 황망한 변고를 당할 수도 있다. 아침에 웃었다가 저녁에 울 수도 있고, 어제 본 사람을 오늘 살아서 못 볼 수도 있다.
　세상에는 부자도 있고 가난한 이도 있다. 갑자기 쫄딱 망할 수도 있다. 재력을 꾸준히 유지할 수도 있겠으나, 어쨌든 이 세상은 흥했으면 쇠하는 성주괴공成住壞空의 한계가 뚜렷하여 오래 보존되기는 어렵다. 그러므로 마음의 재산을 비축해야 한다.
　재물에 대해 믿지 않는 것이 곧 재산이 된다.

돈보다 중요한 낮잠

　한 남자가 조선백자 하나를 가지고 있었다. 어느 날 이 사실을 알고 천문학적인 가격을 제시하며 사러 온 사람이 있었다. 워낙 큰돈이어서 흔쾌히 승낙을 하고 도자기를 가지러 방에 들어갔다. 그런데 이 남자가 방에 들어갔다 나오더니 돌연 팔지 않겠단다.

　"도자기를 넣어둔 장롱의 열쇠를 아버지가 가지고 계시는데, 지금 잠을 주무시고 계시기 때문에 깨울 수가 없습니다."

　보물을 사러 온 사람은 황당하고 도무지 이해할 수가 없었다.

●

　아들은 엄청나게 값비싼 백자임에도 팔아도 그만, 안 팔아도 그만이라는 투다. 아버지의 잠을 깨우는 일보다도 가치가 없는 일이라고 생각하는 것 같다. 상식적인 관점에서 보면 그는 지독한 바보다. 반면 도道의 관점에서 보면 해탈인解脫人이다.

　사람들은 습관적으로 더 큰 이익을 보려고 한다. 그래서 좀 더 가지려고 하고, 손해를 보지 않으려고 한다. 인과를 모르니 그러고 산다. '기분 좋음'의 인연을 만나면 반드시 그와 똑같은 크기의 '기분 나쁨'이 닥쳐온다는 사실을 절대 간과해서는 안 된다. 그러므로 인과를 제대로 알면, 과소비를 하지 않는다. 불로소득을 탐낼 이유도, 양심을 속일 이유도 없다. 손해를 보더라도 결코 손해가 아니라는 여유로움을 가질 수 있다.

　따지고 재지 말자. 후회할 것도 없다. 모든 것은 부처님, 곧 인연因緣 연기緣起가 저절로 그렇게 된다.

　알아서 나를 보호해줄 것이다.

무서운 그림자

한 사람이 죽어라 뛰고 있었다. 그림자를 죽어도 싫어하는 사람이었다. 아무리 도망을 쳐도 그림자는 계속 따라왔다. 더욱 힘껏 뛰었다. 그래도 따라오고 있었다.

결국 그림자로부터 도망치지 못하고 끝내 죽음을 맞이했다.

●

중국의 고전 『장자莊子』의 「잡편雜篇」에 나오는 우화다.

부처님은 '내가 보고 듣고 느끼는 모든 대상은 나의 그림자와 같다'고 하신다. 일체유심조一切唯心造와 만법유식萬法唯識이라는 말씀을 풀이하면 이렇다. 그러므로 만약 내가 마음에 들어 하지 않는 대상이 있다면, 그 대상 자체가 밉고 나쁜 것이 아니다. 내 마음의 '밉고 나쁜' 상태가 그 대상에게 투영됐기 때문에 그렇게 느껴지는 것이다.

나의 육식六識, 눈·귀·코·혀·몸·생각이 분별하지 않는다면 애초부터 좋고 나쁨이란 있을 수 없다. 오직 내게 있는 분별의 크기와 방향에 따라 좋고 나쁨의 방향과 크기가 결정될 따름이다. 분별하지 않아야 그림자가 생기지 않는다. 그림자 때문에 죽은 이를 바라보며 장자가 내린 해법이다.

"그늘에 들어갔으면 그림자는 사라졌을 것이다. 가만히 앉아만 있었어도 그림자는 움직이지 않았을 것이다."

어리석은 형제들

아버지의 유산을 상속받은 형제가 있었다. 똑같이 나누어 가지라는 아버지의 유언에 따라 형제는 유산을 나눴다. 그런데 자기가 덜 받는 것이라며 둘 다 불만이었다. 급기야 아버지의 친구에게 중재를 요청했다. 아버지의 친구는 돈이든 집이든 모든 물건을 정확히 절반으로 잘라 가지면 어떻겠냐고 제안했다. 형제는 좋아라 하면서 그렇게 했다. 결국 모든 유산은 쓸모없게 되어버렸다.

●

『백유경百喻經』에 수록된 이야기다. 현실적으로 일어나기 어려운 내용이기는 하다. 하지만 우리 주변에는 이 정도로 어리석은 일들이 비일비재하게 일어나는 것 또한 사실이다.

'못 먹는 감 찔러나 본다'는 얘기가 있다. 우스갯소리가 아니다. 내가 가지지 못하면 남도 가지지 못하게 하는 심보가 나에게는 과연 없는지 스스로 살펴볼 일이다. 못된 심보의 원인은 좋은 것만 가지려는 심보 때문이다. 그러나 못된 심보는 못된 업보業報만 받게 한다.

맛있는 음식을 먹으면서 즐겁고 행복하다면, 맛없는 음식 때문에 괴롭고 불행한 때를 만날 것이다. 부모 자식 덕분에 기쁘고 행복한 때가 있었다면, 그만큼 그들 때문에 슬픔과 불행의 때를 맞이할 것이다.

누군가 복권 1등에 당첨돼 억만장자가 되었다가 몇 년 가지 않아 빈털터리가 됐다는 뉴스를 심심치 않게 본다. 엄청난 기쁨과 즐거움을 얻었다면, 그만큼 엄청난 슬픔과 괴로움을 감당해야 한다.

청개구리의 엉뚱한 효도

청개구리와 엄마 청개구리가 살았다. 청개구리는 못된 청개구리였다. 항상 엄마 청개구리의 말과 정반대로 행동했다. 임종을 맞은 엄마 청개구리는 '내가 죽으면 개울가에 묻으라'고 유언을 남겼다. 이번에도 아들이 분명 자신의 말과 반대로 행동하리라 싶어 안전한 뭍에 무덤을 쓰게 할 요량이었다. 그러나 돌연 청개구리는 이번만큼은 엄마 말을 들어야겠다며 엄마의 시신을 개울가에 묻었다. 결국 비가 올 때마다 엄마 무덤이 쓸려내려 갈까 봐 꺼이꺼이 울며 슬퍼하였다.

○ 제발, 걱정하지 마라

비가 많이 내리는 여름이라, 추억을 더듬어서 어릴 때 늘 들었던 전래동화 이야기를 떠올려 보았다.

사람과 동물 사이에 차이점이 있다면, 사람에겐 즉흥적인 감정도 있지만 한 번 더 생각하며 감정을 억누르는 자제력도 있다. 반면 짐승은 감정을 묻어두거나 참지 않는다. 그런 면에서 사람은 짐승보다 현명하다.

하지만 인과의 이치에 따라 이것 역시 마냥 좋은 습성은 아니다. 꾹 참고 억누른 만큼, 나중에 더 크고 끔찍하게 보복하는 존재가 인간이다. '뒤끝 작렬'의 측면에서는 사람이 짐승보다 못하다.

이렇듯 무엇이 꼭 좋고 무엇이 꼭 나쁘다고 말할 수 없다. 기분 좋음의 총량과 기분 나쁨의 총량은 똑같다. 이것이 생기면 저것 또한 똑같이 생기는 것이 마음의 모양이고 세상의 양상이다.

『반야심경』의 말씀대로 '부증불감不增不減'이 세상의 이치다. 살아가면서 누구는 더 얻고 누구는 더 잃는 법이란 절대 없다. 인과因果와 연기緣起의 법칙을 절대적으로 믿고 따르기만 한다면, 반드시 마음의 평화가 찾아올 것이다. 희로애락喜怒哀樂의 굴레에서 빠져 나오려면, 내가 가지고 있는 좋아하고 싫어함의 분별의 업業을 멸해야 한다. 불가능에 가깝긴 하지만 말이다. 부지런한 기도와 보시가 해답이 될 것이다.

배고픈 여우

배고픈 여우가 이리저리 먹을 것을 찾아다녔다. 철조망 너머에 포도가 주렁주렁 매달려 있었다. 그런데 철조망 안이 너무 비좁아 도저히 들어갈 수가 없었다. 조금만 더 굶어 몸집을 줄이면 들어갈 수 있겠다 싶었던 여우는 내리 사흘을 굶었다. 마침내 철망 안으로 들어갈 수 있게 된 여우는 포도를 실컷 배불리 먹었다. 그런데 철망 밖으로 나오려니 포도를 폭식한 만큼 몸이 불어서 도저히 빠져나올 수가 없었다. 여우는 하는 수 없이 다시 사흘을 굶었다.

●

인과因果란 바로 이런 것이다. 우리네 인생 한 장면 한 장면이 여우의 입장과 별반 다르지 않다. 욕심은 한도 끝도 없다. 설령 세계 최고의 부자가 되더라도, 세상 모두를 지배할 수 있는 권력을 가졌다 하더라도, 불편함과 괴로움은 사라지지 않는다. 욕심이 있는 한 근심도 영원하다.

아무리 배를 불렸어도 철망을 빠져나오려면 배를 꺼뜨려야만 한다. 욕심을 버려야만 욕심이 생기기 이전의 평화로 돌아갈 수 있다. 욕심을 없애려면 지금 이 순간에 만족하고 소중히 다뤄야 한다.

어머니의 '한쪽 눈'

영국의 한 방송국에서 공모한 '세상에서 가장 아름다운 이야기'에 선정된 이야기이다.

어느 모자母子가 함께 오손도손 잘 살아가던 중, 아들이 불의의 교통사고로 두 눈을 잃게 되었다. 아들의 절망감은 나날이 심해졌고, 무슨 일이라도 저지를 것만 같아 어머니는 매 순간 불안했다.

그러던 어느 날, 어머니는 뛸 듯이 기뻐하며 누군가 눈 하나를 아들에게 기증한다고 했다며 이 소식을 전했다. 하지만 아들은 평생 한쪽 눈만으로 살아가야 한다는 생각에 반응이 뜨뜻미지근했다. 그래도 어머니의 간곡한 권유에 마지못해 수술을 하게 되었다.

얼마 후 아들은 붕대를 풀었다. 그런데 아들의 눈 앞에서 똑같이 붕대를 풀고 있는 어머니의 모습이 보였다. 어머니의 한쪽 눈이 없었다. 어머니가 아들에게 말했다.
"두 눈을 모두 주고 싶었으나 네가 평생 나를 돌볼 생각을 하니 한쪽 눈만 줄 수밖에 없었단다."

●

사람보다 처지가 더 못하다고 느껴지는 짐승들이지만, 그들은 자신에 대해 슬퍼하거나 괴로워하지 않는다. 그저 사람의 편견일 뿐이다. 지금의 처지보다 더 나은 조건을 생각한다면, 불행하다는 생각이 들 것이다. 그러나 지금보다 더 못한 조건을 생각한다면 불행 중 다행이라는 생각이 들 것이다. 하지만 대부분의 사람들은 항상 지금보다 더 나은 조건을 상상하게 마련이다. 그렇게 스스로 불행을 자초한다.

행복이 길면 불행도 길다. 행복이 짧으면 불행도 짧아진다. 기대가 없으면 절망도 없다. 어떤 경우라도 분별하지 않으면 아무런 문제가 없다. 분별하다 보면 고통만 계속된다. 행복하고만 싶으니까 불행에서 영원히 헤어나오지 못한다.

대가 없는 선행

작은 보트를 가진 뱃사공이 어느 날 보트를 살펴보니 칠이 벗겨지고 구멍이 나 있었다. 우선 페인트공을 불러 도색을 새로 했다. 구멍은 나중에 기술자를 불러 막기로 했다.

며칠 후 볼일을 보고 집에 돌아오니 자식들이 보트를 타고 바다에서 놀고 있었다. '아뿔싸!' 아직 배에 구멍이 뚫려 있다는 생각에 뱃사공은 아이들을 황급히 돌아오게 하였다.

그런데 해안가에 닿은 배를 다시 살펴보니 구멍은 이미 막혀져 있었다. 페인트공이 조치를 한 것이었다. 뱃사공은 페인트공을 찾아가 사례하면서 "본인이 해야 일도 아닌데 어찌 했느냐."고 물었다. 페인트공이 답했다.

"누가 하든, 당연히 해야 할 일이니까요."

●

우리는 타인과 자연의 도움을 받지 않으면 단 한순간도 살아갈 수 없다. 이들에게 감사할 일이 한두 가지가 아니다. 물론 자연으로 인해 또는 사람으로 인해, 피해를 볼 때도 있다. 하지만 태풍이 불지 않는다면 바다의 생태계가 온전히 유지될 수 없는 법이다.

물이 너무 맑으면 물고기가 살 수 없다. 이와 반대로 너무 탁해도 마찬가지다. 세상은 이처럼 한쪽만으로는 존재하지 못한다. 먹이사슬은 잔인하지만 또 그래야만 생명의 순환과 질서가 이어진다. 그러니 좋고 나쁜 것을 어찌 단정하고 옳고 그른 것을 어찌 따질 수 있겠는가.

인간관계도 큰 틀에서 바라봐야 한다. 사람에게 어떤 단점이 있다면 그와 똑같은 크기로 장점이 있다는 사실을 알아야 한다. 싫은 것과 그른 것 없이, 좋거나 옳은 것은 애당초 존재할 수 없다.

명당은 어디에 있는가

    옛날에 어떤 효자가 임종을 앞둔 어머니를 업고 명당 묏자리를 찾아 나섰다. 멀리서 보면 그럴싸한데 막상 가까이 가서 보면 아니었다. 며칠 동안 수십 군데를 찾아다녔다. 온 산을 헤매고 헤맸으나 허사였다. 결국 더 이상 걸을 기운이 없어 가시덩굴에 쓰러지고 말았다. 이제 도저히 명당을 찾기란 불가능하다 싶어 어쩔 수 없이 인근의 땅을 적당히 파서 어머니의 시신을 묻고 산에서 내려왔다. 그리고는 눈물을 흘리며 무심코 뒤돌아 산을 올려다보는데 이게 웬일인가. 세상에 더 없는 명당자리가 아니던가.

    그는 이후 장원급제를 했다고 한다.

구전口傳으로 내려오는 이야기이다. 참으로 효성이 지극하고 이루 말할 수 없이 가상한 일이 아닐 수 없다. 그러나 인과因果의 관점에서 보면, 부질없는 행동일 수도 있다.

첫째, 명당을 찾는다는 것은 나를 비롯해 나의 가족과 후손이 잘 되기 위함이다. 방 구들에도 윗목과 아랫목이 있듯이, 풍수적으로나 과학적으로나 명당은 분명히 있다. 그런데 단순히 명당에 조상의 묘를 쓴다고 잘 된다고 한다면, 이것은 우주의 질서를 무너뜨리는 일이 된다. 도둑놈 심보에 지나지 않는다. 정당한 노력 없이 잘 될 일은 절대 없다.

둘째, 좋은 일이 생기는 것은, 좋은 일을 해서라기보다는 그저 좋은 일이 생길 때가 되었기 때문이다. 즐거운 낙업樂業의 시절인연時節因緣을 만나면, 좋은 명당을 저절로 만나게 된다. 좋은 때가 오는 것은, 때로는 현재의 일만으로는 설명되지 않는다. 전생부터 이어지는 요소가 적지 않다.

셋째, 만약 명당을 찾아 좋은 일이 생긴다 치더라도 이를 마냥 즐겁게만 받아들이게 되면, 정반대의 대가를 받게 된다는 것을 잊으면 안 된다. 좋은 만큼의 싫고 나쁜 인과의 과보를 받을 수밖에 없기 때문이다. 좋다 나쁘다 나누고 따지지 말고 순리대로 행동하는 것이 최선의 삶이다.

금을 차지했다가 금을 잃게 된다면 차라리 금이 없었던 것만 못하다. 처음부터 좋은 것을 욕심내지 않음으로써, 나쁜 과보果報를 받지 않는 것이 오히려 더 낫지 않을까?

정말 싫은 사람이 있는가?
만약 칠흑 같은 동굴에 갇혀 있다면
밀림에 홀로 던져졌다면
원수라도 그립지 않겠는가.

3장

모든 형상은
내 마음의 그림자

번개와 생각

지금 내리는 빗물은

번개 치는 사이 바다에 닿고,

지금 일어난 생각은

눈 깜빡할 사이 극락과 지옥을 돌고 오네.

무심과 삼업

무심無心은 모든 일에 장애가 생기지 않게 하거늘
생각하고 움직이고 말함을 무심으로 대한다면
걱정 근심 괴로움이 발붙이지 못할지니
순간순간 신구의身口意 삼업三業에 집착하지 않음을
화두話頭로 삼을지라.

업연과 신심

사는 것은 참으로 쉬우니

내게 오는 온갖 모습 업연業緣으로 생각하고

이래도 저래도 집착 않는 신심信心이면

부처와 보살이 함께 놀자 않겠는가.

얻음과 잃음

생겨난 것은 반드시 사라지니
얻을 것도 잃을 것도 없는 결국은 공空일레라.
모든 것은 생로병사生老病死 차례로 오고 갈 뿐,
지금 내 앞에 벌어지는 것은 그 인연의 한때.

번뇌와 달빛

어두운 밤 절 마당 돌며 사방을 둘러봐도
보이는 건 밤하늘에 반짝 별들 초승달
얻을 것 하나 없어 상념 털고 들어오니
누비옷 듬뿍듬뿍 별빛 달빛 한가득.

희망과 초연

희망이 있으면 있는 대로
성취해 나가는 보람이 있고,
희망이 없으면 없는 대로
채울 욕심이 없어 아쉬움도 없으리.

○ 제발, 걱정하지 마라

사랑이란

개를 너무나 사랑하는 이가 개에게 우유를 억지로 먹이다, 개가 싫다고 몸부림치는 바람에 그만 엎지르고 말았다.

개가 다시 다가와 엎질러진 우유를 맛있게 먹었다.

내 방식대로 베푸는 사랑은 진정한 보시布施가 아니다.

착한 사람과 못된 사람

착한 사람 그 사람은 나의 그림자
못된 사람 그 사람도 나의 그림자
모든 형상은 내 마음의 그림자
분별하지 않으면 그대로 자비광명.

강물과 마음

흘러가는 물을 쫓아가지 않듯이
슬픔과 괴로움은 흘러가게 두라.
강물이 흐른다고 강이 없어지든가
괜한 고민으로 강(마음)마저 잃지 말라.

충고 한마디

좋은 것은 '더 좋은 것'보다 못하고,
싫은 것은 '더 싫은 것'보다 좋다.
시간이 가는 것은 고통의 기억을 사라지게 위함이고,
시간이 오는 것은 기쁨의 희망을 품기 위함이다.
거지는 부자가 부러워 괴로워하고,
부자는 아직도 모자라 괴로워한다.
세상에서 제일 싫고 나쁜 것은
싫고 나쁘다고 생각하는 내 마음이다.
모든 일에는 때(인연)가 있느니,
때를 믿고 성실하면 마음이 편하다.

불행이 아니라 인과다

산다는 것이 만만치가 않다.
내 뜻대로 되지 않기 때문이다.
내 뜻이란 결국 나의 기쁨을 위한 것이다.

그러나 기쁨은 늘 아픔을 동반한다.
아픔 없는 기쁨은 존재하지 않는다.
기쁨 없는 아픔도 존재할 수가 없다.

세상은 허망하고 오직 인과因果가 반복될 뿐이다.
누군가 잘 나간다면
지금 그의 인과가 나타나고 있을 뿐이다.

너무 힘들다면
지금 나의 인과가 나타나고 있을 뿐이다.

불행이 아니라 인과가 나타났을 뿐이다.
그러니 그저 '인과가 나타났구나…' 하고
가뿐하고 겸허하게 받아들이면 된다.

내가 늘 차분하고 덤덤하게 대응하면
인과도 더는 괴롭히지 않는다.
괴롭히는 재미가 없어서다.

친구와 원수

정말 싫은 사람이 있는가?
만약 칠흑 같은 동굴에 갇혀 있다면
밀림에 홀로 던져졌다면
원수라도 그립지 않겠는가.

산은 산이요 물은 물이로다

"산시산 수시수(山是山 水是水). 산은 산이요 물은 물이로다."

성철스님의 유명한 법어法語다. 산에서 벌어진 일, 물에서 일어난 일에 대해 옳다 그르다, 좋다 나쁘다, 이러쿵저러쿵하는 것은 바보들의 궁리일 뿐이다. 산과 물이 뭐라 하던가?

산에서 꽃이 피고 잎이 지는 것을 그냥 바라보듯, 맑은 물이 흐르든 흐린 물이 흐르든 그냥 바라보면 된다. 굳이 '마음에 드네 안 드네' 따지고 화낼 필요가 없다. 화를 내면 고스란히 업業으로 돌아온다. 산과 물처럼 그냥 살면 되는데, 자꾸만 자기 삶 앞에 걸림돌을 놓는다.

못난 산이 있던가? 못난 물이 있던가? 각자가 알아서 살아갈 뿐인데 '너는 이래서 싫네' '너는 이러니까 안 되네' 타박하고 있다. 소중한 시간이 남 탓으로 허비된다. 남을 욕하는 것은 그만큼 자기 삶에 충실하지 못하다는 것이다.

이성과 기도

이러쿵저러쿵 골백번 궁리해도
이 기분 저 기분 변덕스런 감정뿐.
이성과 지성으로도 어찌 할 수 없을 때
기도는 나의 마지막 자산.

코로나19 시대에 전하는 위로

온 나라가 마치 정지한 듯, 그야말로 패닉 상태다. 국가경제가 돌아가지 않는다. 사람과 사람이 만나지 못하고 모든 가게의 문이 닫힌다. 자영업을 하는 분들은 사상 최대의 지옥을 경험하고 있다. 하루 벌어 하루 사는 사람들은 그야말로 그 하루를 살아내지 못하는 지경에 이르렀다.

불행의 시절인연이 지나가면 머지않아 행복의 시절인연이 도래하겠지만, 희망을 갖기에는 현재의 상황이 참으로 녹록하지가 않다. 그래도 어찌하겠는가. 이럴 때일수록 부처님 법을 믿고 부처님의 말씀을 실행해 나가다 보면, 어느새 꿈에서 깬 듯하지 않겠는가.

불교는 어려움을 임시로 땜질하는 종교가 아니다. 또 부처님의 힘을 빌려서 나의 욕심을 채우기 위한 종교는 더더욱 아니다. 모든 일에는 좋은 쪽으로든 나쁜 쪽으로든 반드시 대가가 따른다는 걸 가르쳐 주는 인과의 종교다.

이 세상에 좋은 것은 없다. 정확히 말하면 좋기만 한 것은 없다. 좋은 것을 얻으려 하면 그 즉시 싫고 나쁜 것이 생긴다는 것이 부처님의 가르침이다. 고락苦樂의 업은 늘 함께 얻고 함께 받는다는 사실을 깨우쳐야 한다.

현실이 절망적이다. 마음까지 절망적이면 정말 희망이 없다. 이러쿵저러쿵 마음 써봐야 속만 상한다. 어쩔 수 없다. 마음에 들고 안 들고, 재미가 있고 없고를 따지지 말자. 차분하게 차근차근 해나가자. 언젠가 자지러지게 행복했으니까 이토록 불행한 것이라고 해두자. 또한 이만큼 불행했으니 이와 비슷한 크기의 행복한 날이 꼭 올 거라고 믿자. 부처님의 말씀을 믿으면, 진짜로 온다.

(코로나19 바이러스 대유행 직후인 2020년 3월 15일에 쓴 글이다.)

하늘과 대지

하늘은 대지의 땀방울을 받아먹고
대지는 하늘의 눈물을 받아먹네.
괴로움은 즐거움의 양식이 되어주고
슬픔은 기쁨의 자양분이 되어주네.

들숨과 날숨

들숨 다음에 날숨, 날숨 다음엔 들숨
길게 들이마시면 길게 내쉬게 되고
올라간 만큼 내려오게 되니,
나는 지금 들숨일까 날숨일까.

○ 제발, 걱정하지 마라

게송 1

기쁨은 슬픔의 대가
태어남은 사라짐의 보상
얻는 것은 잃는 것의 거래去來
삶이란 고락苦樂의 질서.

그냥, 하라

응무소주 이생기심應無所住 而生其心.

『금강경』에 나오는 말씀이다. '응당 머무는 바 없이 그 마음을 내라'는 부처님의 가르침이다. 쉽게 풀이하면 '이리저리 재지 말고 담대하게 행동하라'는 뜻이다.

좋다 싫다, 옳다 그르다 따지지 말고 그저 내키는 대로 하면 된다. 분별하지 않는 가운데 하는 행동은 모두가 완벽한 행동이기 때문이다. 분별만 하지 않으면 무엇이든 저절로 완벽한 행동이 나온다. 이것이 걸림 없는 자유로움, 무애자재행無礙自在行이다.

염려하지 말라. 무엇이 되었든 당연히 인연因緣 연기緣起할 뿐이다. 모든 것은 가감 없이, 득실得失 없이, 한 치의 오차도 없이, 완벽하게 이루어지게 되어 있다. 굳건한 신심信心으로 전진하면 그만이다. 그래도 어찌 그럴 수 있냐고? 그러면 걱정 근심을 짊어지고 살아라.

확증편향

　나는 어떠한 말이나 행동도 전혀 하지 않았다. 그런데 상대방은 내가 어떤 말을 했거나 행동을 한 것처럼 몰고 간다. 상상조차 못한 일이라서 전혀 그렇지 않다고 항변해봐야 소용이 없다. 그럴수록 상대방은 도리어 거짓말까지 한다면서 온갖 이유를 들어 막무가내 몰아붙인다.
　살다보면 누구나 이런 일을 당할 수 있다. 억장이 무너지고 숨 막힐 정도로 기가 찰 것이다. 충분히 설명을 해서 오해가 풀린다면 가장 좋은 결말일 것이다. 하지만 이렇게 확증편향이 심한 사람과는 도저히 대화가 불가능하다. 지독한 시비 끝에 막다른 곳까지 다다르기 일쑤다.
　다시는 안 볼 사람이라면 모르겠으나, 그래도 봐야 할 사

람이라면 다른 방법을 찾아야 한다. 말로 해결하려 해봐야 서로 간에 골만 깊어지게 된다. 이럴 때일수록 화를 내거나 싸우려 하지 말고 우선 진심을 보여주도록 노력해 나가야 한다. 언젠가 진실은 밝혀질 것이기 때문이다. 다만 관건은, 그때까지 참을 수 있느냐이다.

인연을 받아들이는 자세

앞으로 나는 어떻게 될까?
잘 될 수 있을까?

누구나 앞날을 생각해본다. 그런데 다들 놓치고 있는 것이 있다. 가장 중요한 것은 지금 현재 편안하느냐이다. 앞으로의 일은 아무도 알 수 없다. 바라는 대로 다 잘 될 수가 없다. 결정적으로 내가 좋고 싫은 것을 분별하는 이상, 인과법에 따라 반드시 싫은 일을 당하게 되어 있다.

미래는 지금까지의 삶에서 쌓은 인연에 따라 그 모습이 나타나게 마련이다. 걱정 근심한다고 나타날 것이 안 나타나지 않는다. 좋다, 싫다 나누고 집착하고 회피하지 말자.

다만 일어나면 일어나는 대로 그 인연을 흔쾌히 받아들이는 데에 해법이 있다. 무언가를 원하지 않는다면, 적어도 원하지 않는 일은 일어나지 않을 것이기 때문이다.

내 잘못이 아니다

일어날 일은 일어난다.
어떻게든 그렇게 된다.

이렇든 저렇든 우리는 생로병사生老病死의 수순을 벗어나지 못한다. 태어나면 반드시 늙고 병들고 죽게 되어 있다. 세상만사가 전부 그렇다. 좋은 일도 나쁜 일도 무조건 죽음을 맞게 되어 있다. 그러니 무엇은 잘되고 무엇은 잘못되었다고 따지고 아쉬워해야 할 일이 있을까. 그 어떤 생각도 사족에 지나지 않는다.

연기緣起의 눈으로 보고 인과因果의 귀로 들으면 그 어디에도 분별分別이 머물 수 없다. 그래서 지금 평안하고 또 평안하다. 누군가 나에게 시비를 건다면 그것은 그의 분별일 뿐이다. 삐딱하게 보고 삐딱하게 그렇게 듣는 그의 업일 뿐이다. 그렇게 생각하는 그의 몫일 뿐이다. 본래 내 삶에는 아무런 문제가 없다.

게송 2

인과因果를 굳게 믿음을 신심信心이라 하고.
마음이 편치 않음은 신심이 없는 까닭이네
그 어떤 오만 일 닥친다 해도
굳은 신심이면 온갖 어려운 일 생기지 않으리.

진정으로 잘 산다는 것

'세계의 테마기행'이라는 TV프로그램이 있다. 한번은 '아시아 소수민족 기행'을 특집으로 다뤘다. 중국의 변방 지역이나 라오스 캄보디아 베트남 등의 오지에 사는 사람들의 생활상을 보여주는 내용이었다. 그들은 현대문명과는 동떨어진 열악한 환경 속에서 원시적인 삶을 살아가고 있었다. 한편으로는 안타깝기도 하면서 도와주고 싶은 생각이 들기도 했다. 그러면서도 화면에 비치는 사람들의 모습을 보면서 내내 성스럽다는 생각이 들었던 건 왜일까?

아이들도 어른들도 노인들도 그 누구의 얼굴에서도 늘 웃음기가 가시지 않았다. 아무런 불만 없이 각자가 맡은 역할에 따라 자신에게 주어진 일을 묵묵히 즐겁게 해나갔다.

성인聖人이 따로 없다는 생각을 지울 수 없었다. 아마도 경쟁심 없이, 큰 욕심 없이, 따로 무엇을 꼭 이루어야겠다는 독한 마음 없이, 있는 그대로의 환경을 받아들이며 살아가기에 그들은 비할 바 없이 행복할 것이다.

 과연 잘 산다는 것은 무엇일까? 애쓰고 노력한 만큼 많이 얻으면 물론 좋기는 하겠다. 하지만 오히려 만족하지 못하는 병이 생김으로써 마음은 겹으로 고달파진다. 무엇을 꼭 이루고 가져야 한다는 강박관념이 나를 속박하고 괴롭히고 나아가 괴물로 만든다. 마음을 편하게 하는 일보다 가치 있는 일은 이 세상에 없다.

멘탈 붕괴

수십 년 동안 컴퓨터 하드디스크(클라우드)에 저장해온 중요 자료 가운데 상당량의 데이터를 실수 아닌 실수로 날려 버린 적이 있다. 어찌나 황당한지 머리에 쥐가 난다는 표현이 제대로 실감났다. 복구도 불가능하다니 눈앞이 하얘지면서 순간 멍해지는 기분을 지울 수가 없었다.

그러나 이내 '이 또한 나의 인과업因果業에 의한 하나의 현상이구나' 생각하니 금세 마음이 편해졌다. 그저 인연因緣 연기緣起, 오직 인연 연기라 생각하니 느긋해졌다. 항상 이러기를 바란다.

쉽고도 쉬운 불교

부처님의 가르침은 지극히 간단하다.

좋은 감정이든 나쁜 감정이든, 이 둘 모두 집착하지 말라는 것이다.

이를 중도中道라 한다. 중도를 완성하면 부처가 된다. 수행이란 것도 중도를 얻기 위함이다. '잘한다' '못한다'가 아니라, '잘한다 못한다' 자체를 생각하지 않는 것이다. 이것과 저것의 분별을 모두 벗어나는 것이다.

'아무리 귀한 금가루도 눈에 넣으면 병病이 되는 것과 같다'고 했다.

그런데 금가루 자체가 없으면 눈병도 없다.

많은 재산은 복이기도 하지만 짐이기도 하다.

붕어의 '훌륭한' 기억력

붕어의 기억력은 '2초'라는 설이 있다. 실제로 그런지는 정확하지 않다. 사실이든 아니든 기억력이 짧으면 어떻게 될까? 즐거움을 느끼는 것도 2초간이요 괴로움을 느끼는 것도 2초간이니, 아무리 좋아도 2초간이고 아무리 싫어도 2초간일 것이다. 즐거움도 괴로움도 아주 짧게 경험한다.

붕어의 지능이 지독하게 나쁘다며 안쓰럽고 불쌍하게 여기는 사람도 있을 것이다.

당신의 생각일 뿐이다.

붕어는 아무리 지옥 같은 고통이라도 2초면 잊는다.

당신과 달리.

게송 3

즐거움은 다음 즐거움의 원인이 되고
괴로움은 과거 괴로움의 결과이다.
즐거움은 다음 괴로움의 원인이 되고
괴로움은 과거 즐거움의 결과이다.

마음의 자폭

 대개의 사람들은 부富와 명예가 가장 큰 행복이라고 생각한다. 최소한 굶지 않아서 좋고, 의식주가 보장되니 걱정이 없을 것이라고 생각한다. 그러나 그것으로 만족하는 사람은 드물다. 자기의 처지보다 훨씬 더 높고 좋은 것이 있다고 착각해, 더 큰 욕심을 만들고 스스로 걱정 근심을 만든다.

 요즈음 사회 저명인사들이 스스로 명을 재촉하는 경우를 본다. 일반인들이 볼 때 그 정도면 남부러울 것이 없을 것 같은데도 말이다. 하지만 자신의 삶에 대해 만족하지 못하기 때문에, 지나친 생각과 무리한 행동을 하는 것이다.

 옳고 그름과 좋고 나쁜 것은 본래 없다. 자연을 보라, 연기緣起의 순리에 따라 그냥 그렇게 살아갈 뿐이다. 주어진

조건에 따라 순순히 살아갈 뿐이다. 반면 사람은 각자가 짊어진 업業의 무게에 따라, 하지 않아도 될 분별을 하면서, 자해한다. 하지만 제아무리 이러쿵저러쿵해본들 남는 것은 고작 지금 나의 기분일 뿐.

'파사현정'에 대한 오해

파사현정破邪顯正이라는 말이 있다. 그릇된 것을 깨뜨리고 올바른 것을 드러낸다는 의미다.

그런데 파사현정이 가리키는 '그릇된 것'과 '올바른 것'의 의미는 으레 알고 있는 그런 것들이 아니다. '파사'는 그릇된 것은 깨뜨린다는 뜻이 아니라 시비분별하지 않는다는 것이다. 올바르다고 판단하는 순간 올바르지 않는 것이 생겨나고 만다. 그릇됨을 물리친다고 하지만, 그릇됨을 물리친다는 생각 때문에 또 다른 그릇됨이 나타나는 법이다.

진정한 파사현정은 중도中道의 마음 상태에서만 이루어질 수 있다. 지금 드러나 있는 것들을 '있는 그대로 받아들이는 것'이다.

게송 4

크나큰 고통이 밀물처럼 다가와도
고통은 썰물처럼 반드시 사라진다.
해지는 것을 아쉬워하지 않는 것은
내일 다시 떠오를 것을 알기 때문이다.

○ 제발, 걱정하지 마라

완전한 인격자

 이렇게 해도 놓고 저렇게 해도 놓는다. 이런 말을 해도 놓고 저런 말을 들어도 놓는다. 이런 일을 해도 놓고 저런 짓일 당해도 놓는다. 놓고 또 놓는다. 그럼으로써 고락苦樂과 분별分別에서 해방된다.

 순간순간 끊임없이 인욕忍辱과 정진精進으로 괴로운 업業을 털어내야 한다. 무엇을 보든 덤덤하게 무엇을 듣든 태연하게, 내면을 관찰하면서 좋고 싫은 분별심이 일어나는 것을 살펴야 한다.

 욕심내는 탐심貪心이 없고, 욕심대로 안 됐다고 화를 내는 진심嗔心이 없고, 분별의 어리석음인 치심癡心이 없는 사람, 즉 탐진치貪嗔癡 삼독심三毒心이 없는 사람이 완전한 인격자다.

듣기 좋은 말의 그림자

 언어는 사유의 그릇이다. 말이란, 그것이 참말이건 거짓말이건 간에 평소의 생각이 입을 통해 소리로 나오는 법이다. 생각은 분별이다. 생각은 필연적으로 이기적이다. 사람이 골똘히 생각하는 이유는 다른 것이 없다. 어떤 것이 자신에게 이익이 되는가를 판단해 선택하기 위함이다.

 사람들은 당연히 기분 좋은 말만 듣고 싶어 한다. 자녀들에게도 어릴 때부터 좋은 말을 하라고 교육을 한다. 가는 말이 고와야 오는 말도 곱다는 격언도 그래서 많이들 쓴다.

 물론 당연히 좋은 말을 해야 한다. 하지만 좋은 말이란, 결국 싫고 나쁜 말에 대한 분별分別로 하는 것이어서 이 또한 원치 않았던 과보果報를 낳는다. 좋은 말만 한다고 하여,

싫고 나쁜 생각이 없어지거나 기분 좋지 않은 일이 사라지는 것도 아니다.

　핵심은 듣기 좋은 말이든 듣기 싫은 말이든, 거기에 집착하지 않는 것이다.

우리의 마음 안엔 수많은 감정이 있다.
복잡다단한 것 같지만,
알고 보면 두 가지로 대별大別할 수 있다.
'좋거나' 아니면 '싫거나'이다.

4장

인생에는 오르막길도 내리막길도 있다

말을 잘 하는 방법

말을 잘하면 얼마나 좋을까.

말을 잘못하여 시비是非와 다툼이 일어나는 경우가 많다.

어떻게 해야 말을 잘할 수 있을까.

말을 잘할 수 있는 최고의 방법은 부드럽게 하는 것이다.

부드러운 말이 되려면 힘을 빼야 한다.

힘을 빼려면 나의 주장을 너무 강하지 않게 해야 한다.

말에 뼈가 있으면 상대에게 반감을 주기 때문이다.

상대를 감응시키기 위해서는 좋다 싫다는 고락苦樂의 분별分別된 감정을 내려놓아야 한다. 분별하지 않으려면 모든 것은 인연因緣 연기緣起에 따라 이루어진다는 믿음이 바탕이 되어야 한다.

인연·연기·인과因果를 믿으면 분별하지 않게 되고, 좋고 싫은 고락의 분별이 없으면 말이 부드러워진다. 더불어 상대가 어떤 말을 하더라도 노여워하지 않게 되고 좋고 싫은 분별 감정이 생기지 않아서 항상 평안한 마음을 유지할 수 있다.

마음을 평안케 하기 위해서는 기도가 선행되어야 한다. 기도는 나에게 모든 것을 극복할 수 있는 힘을 길러준다.

실패했을 때의 마음가짐

아무리 노력을 해도 생각대로 잘 안 되는 경험을 누구나 가지고 있을 것이다. 이럴 때는 많이 속상하기도 하고 고통스럽고 괴로운 마음이 들기도 한다.

노력한다는 의미는, 원하는 것을 성취하여 기쁨과 즐거움 행복을 갖기 위함이다. 바꾸어 말하면, 그렇기 때문에 성취하지 못하면 슬픔과 괴로움 불행하다고 느끼게 되는 것이다.

설사 바라는 것을 성취하여 기분이 좋았다고 하더라도, 언젠가는 기분이 좋지 않은 인과가 생겨서 그만큼 좋지 않은 일이 나타나게 되고 만다.

그러므로 가장 좋은 자세는 바라고 원하는 것을 열심히

하되, 성공과 실패에 대한 분별심을 놓아버리는 것이다.

그리고 인과因果 인연因緣은 한 치 오차가 없으니, 이를 믿고 그저 인연의 결과로 받아들이는 마음을 가져보자. 그러면 성공과 실패를 떠나서 항상 마음이 평안하게 될 것이다.

불자 가족을 보며

카페에 앉아서 창 넘어 법당을 보고 있는데 계단을 타고 한 무리의 가족이 올라가는 것이 보인다. 여섯 살쯤 되어 보이는 꼬마애가 제일 먼저 앞장을 서서 올라가더니 지체 없이 법당으로 들어갔다. 그러더니 부처님을 향해 넙죽 절을 한다. 천상에서 내려온 아이가 아닌가 싶을 정도로 너무나 예쁘고 기특했다.

부처님께 삼배를 한 아이는 신중단 앞으로 가서도 거침없이 삼배를 했고, 영가단에는 선 채로 반배를 했다. 마지막으로 상단을 향해 몸을 돌리더니 반배를 했다. 어린아이임에도 불교 상식과 예법을 다 아는 것이었다. 성스럽기까지 했다. 뒤따라 들어오는 엄마와 누나에게 무어라 말을 건넨다. 엄마와 누나도 아이처럼 똑같이 법당에서 예를 올렸다. 이번에는 엄마가 자녀들에게 법당 곳곳을 손가락으로 가리키며 무언가 설명을 해주는 듯했다.

모범적인 불자 가족이 너무나 갸륵해 카페로 불렀다. 차와 아이스크림을 대접하며 이것저것 물어보았다. 자녀들 이름도 어느 사찰의 주지 스님이 지어주었고, 가족여행을 왔는데 제일 먼저 사찰을 참배한 뒤에 다른 곳으로 관광하기로 했단다. 부모의 신심은 돈독했고 불교관은 확고했다. 자녀들도 부모가 지닌 삶의 향기를 고스란히 물려받았다. 고개가 저절로 숙여질 만큼 훌륭하고 감사한 가족이었다.

아쉽지만 이와 상반되는 경우도 있다. 이름을 대면 누구나 알 수 있는 우리나라 유수의 재벌가 인척 중에 가끔 절을 찾아 큰스님께 문안을 올리는 노보살님이 계신다. 문제는 그 모기업을 소유한 아들과 며느리 두 사람 모두 교회 장로라는 사실이다. 조상 때부터 절에 다니면서 가족과 기업의 성장을 위해 기도하고 축원했던 이들의 자녀들이 교회를 다닌다니. 충격을 넘어 망연자실했다.

물론 종교를 선택함에 있어서 강요는 할 수 없을 것이다. 더구나 어떤 종교를 갖든, 올바르고 참된 인생을 살아가면서 스스로 고락의 업에 묶이지만 않는다면 전혀 상관할 바가 아니다. 다만 다른 종교를 가진 자녀들을 보고 무어라 하기 전에, 불자라고 표방하는 부모가 진정으로 불교를 하고 있는가에 대해 자문해 볼 일이다.

우선은 불자들을 지도하는 우리 스님들에게 문제가 있다는 것을 인정해야 할 것 같다. 다음은 절에 다니는 어른들의 안이한 신앙관과 신심의 부족을 지적하지 않을 수 없다. 오직 자기 자녀와 가정이 잘 되게 해달라고 기도하고 불공하고 축원만 한 건 아닌지, 정작 삶에 있어서의 참된 행복이 무엇인지는 가르쳐주지 않은 건 아닌지, 무엇보다 말은 불자라면서 행동은 불자답지 않았던 건 아닐지.

결자해지

아픈 사람이 더 불행한가?
보는 사람이 더 불행한가?

어떤 사람이 치매가 왔다 치자. 그런데 환자 본인은 고통이나 불편을 크게 느끼지 않는다. 오히려 환자를 돌보는 사람의 마음이 힘들고 생활이 불편하다. '긴 병에 효자 없다'고 했다. 그렇다면 누가 더 불행한 것인가?

치매 환자는 인연 연기에 의해, 생로병사의 한 과정으로 나타난 자연스러운 결과이다. 만약 그 대상으로 인해 내가 힘들고 불편하다면, 그것이 치매 환자의 잘못인가? 그가 고의로 힘들고 불편하게 한 것이 아닌데 말이다. 힘들고 불편하다면 그 대상과는 별개로 내 자신의 업業이 발동해 힘들고 불편한 것이다.

  사실만으로는 좋고 나쁨이 없다. 사실에 감정을 얹을 때 인과가 나타난다. 감정의 크기가 작다면 인과도 작겠지만, 크다면 인과도 크고 극심해진다. 내가 저지른 업은 나만이 해결할 수 있다. 아울러 감정을 내지 않으면 업도 일어나지 않는다. 돕는다는 생각 없이 도와야 하고 그냥 도와야 한다. 그것이 아니라면 자기만족이고 자기과시일 뿐이다. 훗날 벌을 받아야 한다. 스님들이 왜 조용히 참선 염불만 하는지 이해할 수 있었으면 좋겠다.

종교인의 역할

가끔 이런 말을 하는 사람들이 있다.

왜 스님들은 산에만 있느냐고, 참선한답시고 조용한 절간에 앉아서 신도들이 가져다주는 밥 먹으며 편하게 지내는 것 아니냐고, 사회가 이렇게 복잡하고 어려운데 힘들게 살아가는 사람들을 도와야하는 것 아니냐고, 함께 부대끼며 뒹굴고 살아가는 것이 진정한 종교인 아니냐고.

다 옳은 말이고, 다 맞는 말이다. 그러면 또 왜 그렇게 무조건 긍정하느냐고, 너무 무책임한 것 아니냐고 또 시비를 걸 수도 있다. 하지만 다른 변명을 할 마음이 생기지 않는다. 결론이 나지 않는 부질없는 논란이 되기 때문이다. 아무튼 스님들에 대해 그렇게 생각하는 이들의 마음은 충분

히 이해한다.

행여 변명이 되더라도 굳이 말을 보태자면, 타인에게 도움 주는 것이 종교인의 중요한 역할이긴 하다. 그러나 고통과 괴로움을 벗어날 수 있는 '근본적인' 길을 열어주는 것이 종교인의 진정한 존재 이유라고 본다.

시비是非와 고락苦樂, 빈부貧富와 귀천貴賤은 어느 시대, 어느 사회, 어느 곳에서나 필연적으로 생길 수밖에 없는 사바세계의 한계다. 신선들 사이에서도 옳고 그른 시비가 생기는 법이다. 극락에도 빈부의 차이가 발생하며, 지옥에서도 적게나마 즐거울 수 있는 여지가 있다. 좋음과 싫음을 나누는 분별심分別心이 있는 한, 일정한 행복을 맛볼 수 있다. 그만큼의 불행은 감당해야겠지만.

산에서 조용히 수행만 하는 스님들도 분명 있다. 혼자 편히 잘 살고 싶어서 그러는 것이 아니다. 고통과 갈등의 근원인 분별심을 끊기 위해 갖은 고행을 마다하지 않는 것이다. 인간의 뿌리 깊은 한계를 극복함으로써 인간에게 희망을 제시하기 위함이다. 진정한 행복의 길로 인도하기 위함이다.

팔자와 운명은 정말 있는 것인가?

팔자와 운명은 정해져 있다고 말하는 사람들이 있다. 반대로 미신이라며 무시하는 사람들도 있다. 아무튼 불교적 관점에서 보면, 일부분 맞는 말이라 할 수 있다.

엄밀히 말하면 업業이 정해져 있다는 말이다. 전생에서부터 지금까지 축적된 자신의 인과업에 따라 삶이 결정된다는 말이다. 좋은 것에 대해 욕심을 낸 만큼, 싫은 것 또한 똑같이 생긴다는 사실을 절대로 잊으면 안 된다.

만약 차를 같이 타고 가다가 교통사고가 났다고 치자. 다친 사람도 있고 다치지 않은 사람도 있다고 치자. 이때 다친 사람은 운이 없다고 생각할 것이고, 다치지 않은 사람은 천행으로 생각할 것이다. 그러나 이는 짧은 소견에 불과하다.

다친 사람은 괴로운 고업苦業이 나타날 시간이 되어 다친 것이다. 다치지 않은 사람은 하늘이 도와서 안 다친 것일까? 아직 고업이 나타날 시간이 안 되었기 때문이다. 설령 고업을 요행히 피했다 하더라도, 정해진 고업은 언제라도 받아야 하는 것이다. 다른 시간 다른 장소에서 다른 일로라도 반드시 받게 된다.

물론 팔자와 운명은 고정된 것이 아니다. 얼마든지 바꿀 수 있다. 업을 줄이면 된다. 좋은 것만 좋아하고 싫은 것은 미워하는 습성만 줄이면 된다. 진정한 행복이란 분별심을 없애는 정도에 달렸다. 오면 오는 대로 가면 가는 대로 받아들이자. 좋을 것도 나쁠 것도 없다. 좋은 게 좋은 것도, 나쁜 게 나쁜 것도 아니다.

자녀들은 알아서 잘 큰다

사람은 누구나 자기의 업業대로 살아간다. 누군가 나에게 도움을 줘서 잘 사는 것 같지만 아니다. 원래 내가 받아야 할 복福을 받는 것뿐이다.

부모자식 관계도 그렇다. 부모가 자식을 생각하는 것은 부모 본인의 업이다. 자식이 부모를 만나 덕을 보는 것도 자식 본인의 업이다. 자식이 말을 듣지 않아서 속상하다고 한다면 이는 자식 책임이 아니다. 부모들 자신의 괴로운 고업苦業이 나타날 때가 되었기에 그런 것이다. 거꾸로 자식 때문에 즐겁고 기쁘고 행복하다면, 이 역시 자식 덕분이 아니다. 즐거운 낙업樂業이 나타날 때가 되었기에 그런 것이다.

고락苦樂의 인과업因果業이 적은 부모일수록 자식의 일에

대해 초연한 마음을 갖는다. 어차피 자식은 본인이 갖고 있는 업에 따라 스스로 살게 되어 있다. 굳이 간섭할 필요도 이유도 없다. 부모가 아예 없는데도 잘 되는 자식들이 얼마나 많으며, 부모가 아무리 애지중지 키운다 해도 비뚤어지는 자식들은 또 얼마나 많은가.

알아서 잘 큰다.

그냥 놔두시라.

즐거움과 괴로움의 총량은 같다

 잘되고 못되고는 중요하지 않다고 하면 당장 미친 소리라고 할 것이다. "생사를 가르는 절박한 상황에서도 그리 말할 것인가?" 하고 따질 수 있다. 그렇더라도 역시 그렇다고 말할 수밖에 없다. '미쳐도 제대로 미쳤다'고 할 것이다. 하지만 그게 사실이고 실상實相이니 어쩔 것인가? 굳이 또 설명하라 한다면, 또 인과因果의 업業 때문이라고 할 수밖에 없다.

 우리의 마음 안엔 수많은 감정이 있다. 복잡다단한 것 같지만, 알고 보면 두 가지로 대별大別할 수 있다. '좋거나' 아니면 '싫거나'이다.

 무슨 대단한 이념이든 사상이든 취향이든, 결국엔 '내가 좋아하거나' 아니면 '내가 싫어하거나'이다. 이러한 좋아함과 싫어함 사이에서 평생을 계산하고 방황하다가 끝나는 것이 인생이다.

즐거운 감정이 크면 괴로운 감정도 크다. 반면 괴로운 감정이 작으면 즐거운 감정도 작다. 둘 다 없으면 이를 일컬어 중도中道 해탈解脫이라 한다. 즐거운 만큼 괴롭고 좋아한 만큼 싫어진다. 그 반대도 마찬가지다. 즐거움엔 즐거움의 업이, 괴로움엔 괴로움의 업이 발생한다. 부처님 가르침은 간단하고 확실하다. 좋아하지도 않고 싫어하지도 않으면 그 순간이 부처다.

즐거움과 괴로움의 총량은 똑같다. 즐거움에도 괴로움에도 연연하지 않는다면 마음이 깃털처럼 가벼워질 것이다. 이 문제를 해결하지 않는다면 세상을 다 가지고 금덩이 위에 앉아 있다 하더라도 고통스러울 것이다.

명상의 목적

요즘 명상이 대세라 할 만큼 널리 유행하고 있다. 명상은 본래 부처님의 수행법을 기반으로 하고 있다. 불교의 참선과 대동소이하다.

명상을 하는 이유는 괴로움과 고통 등의 불편한 감각을 초월하여 왜곡 없는 순수한 마음 상태로 돌아가, 결국엔 흔들림 없는 평안함을 얻자는 것이다. 괴로움과 고통을 초월한다는 것은, 왜곡과 오류와 망상으로 가득한 생각을 청소한다는 것이다.

명상에는 통찰명상, 집중명상, 마음챙김명상 등 여러 종류가 있다.

통찰명상은 매 순간의 경험을 충실히 대하는 방법이다. 모든 외부 자극에 마음을 열고 그 경험을 그대로 순수하게 관찰하는 것이다. 이때 비교하거나 분석하거나 판단하거나 추론해서는 안 된다. 절대 감정을 개입시키지 말고 순수하게 바라만 보는 것이다.

집중명상은 감각이나 생각에 집중하는 방법이다. 손가락이나 발가락 등 신체의 어느 한 부분에서 느껴지는 감각에 집중하거나, 마음속의 이미지에 집중하는 것이다. 여기서도 주의할 것은 분석하거나 판단하지 말아야 한다는 점이다. 아파서 싫다거나 짜릿해서 좋다거나 하지 말아야 한다. 마음속의 이미지로는 추억을 떠올려도 좋고 미래를 상상해도 좋다. 다만 그것이 아름다웠다거나 악몽이었다거나, 멋지다거나 실망스럽다거나 등등으로 나누어서는 안 된다.

마음챙김mindfulness명상은 일종의 통찰명상으로 세계적으로 보편화된 명상법이다. 스트레스와 불안, 통증을 완화하는 데 많이 이용된다. △절대 선입견을 갖지 않는 비非판단 △무엇이 되었든 일단 무조건 참아보는 인내 △항상 초심자의 마음을 유지하는 겸손 △결코 의심하지 않고 무조건 긍정적인 태도를 갖는 신뢰 △가지려는 생각, 부럽다는 생각, 얻으려는 생각, 뺏으려는 생각을 일절 하지 않는 비쟁취 △불만을 갖지 않고 무조건 받아들이는 수용 △그 어떤 것에도 미련을 두지 않고 아쉬워하지 않으며 소위 '뒤끝'을 없애는 비집착의 태도를 중시한다.

얼핏 복잡하고 낯설게 보이지만 명상의 목표는 단순하고 동일하다. 감각이든 생각이든 움직임이든, 그 무엇에도 좋다거나 싫다거나 하는 분별 감정을 일으키지 않는 것이다. 있는 그대로 보고, 있는 그대로 듣고, 있는 그대로 느끼라는 것이다. 명상은, 불교다.

자식을 정말 사랑한다면

정情에 대하여 다시 한 번 설명하기로 한다.

정을 광의적으로 해석하면, 특정한 대상에 대한 좋은 감정이다. 좋은 감정을 느끼면 정이 들게 된다. 좋은 감정이란, 마음이 즐겁고 기쁘고 행복한 것을 가리킨다. 이것에 대한 맛을 들이게 되면 그 기분을 잊지 못하고 계속적으로 찾게 된다. 이를 집착執着이라고 한다.

문제는 인과因果가 따라붙는다는 것이다. 따라서 즐겁고 기쁘고 행복했던 대가로, 괴롭고 슬프고 불행한 상황을 맞아야 한다. 이 같은 정을 미운 정 또는 싫은 정이라 하며 계속적으로 떼어버리려고 한다. 역시 집착이라고 한다. 따라서 출가 수행자에게 정은 마구니다. 일체의 집착으로부터 벗어나고자 출가했는데, 정은 집착을 불러일으키기 때문이다. 어떤 사람, 어떤 경우라 할지라도 정을 주거나 받게 된다면 계율을 크게 어기는 것이 된다. 스님들에게 일체의 오락이나 잡기를 금하는 이유도 여기에 있다. 어떤 것이 되었건 아주 작은 것이라 하더라도 정을 주거나 느끼게 되면, 곧바로 고락苦樂의 인과因果가 따른다. 집착으로 말미암아 아쉽고 불편한 마음이 일어난다.

물론 사람은 인정人情으로 살아간다 해도 과언이 아니다. 이럴진대 아무에게도 무엇에도 정을 갖지 말라는 것은 인간으로서의 가치를 포기하라는 말과 같다. 다만 정을 완전히 떼게 되면 분별심이 완전히 사라진 부처가 될 것이다. 반면 정을 주고받게 되면 인간다움을 지킬 수 있다. 그 대신 육도六道, 천상·인간·아수라·축생·아귀·지옥의 윤회를 '시소게임'처럼 반복해야 한다. 극도의 쾌락과 극도의 고통을 동시에 감수해야 한다.

자식은 정을 가장 많이 느끼게 하는 대상이다. 자신과 가장 많이 닮아 있기 때문이다. 그래서 부모는 자신의 분신인 자식이 잘 되기만을 바란다. 그러나 인과의 도리에 따라 잘 되기를 바라는 그만큼 자식은 잘 안 될 것이다. 도저히

정을 떼지 못할 것 같으면, 미운 정을 흔연히 감당해야 한다. 진정 훌륭한 부모는 자식의 '안 됨'마저도 기꺼이 사랑하는 존재다.

자업자득

눈에 보이는 것이 다가 아니다. 내가 이해하지 못한 것이지 잘못된 것이 아니다.

세상에 원인 없는 결과는 없다. 상대방의 생각이나 행동을 도저히 수용하기가 어려울 때가 많다. 하지만 그런 데에는 어떤 원인이 있을 것이다. 단지 내가 알지 못할 뿐이다. 그리고 삶은 철저히 자업자득이다. 상대에 의해 내 마음이 어지럽게 되거나 화가 나는 것은, 그 원인이 상대에게 있는 것이 아니라 내 마음의 업식業識 때문이다. 상대방의 존재가 아니라 나의 감정이 또 다른 업을 짓는 것이다.

가뜩이나 괴로운데 산 입에 거미줄이 하나 더 쳐진다.

공空은 〇이다

깨치지 못한 중생들은 어디서 왔는지도 모르고 어디로 가는지도 모른다. 무작정 살려고만 한다. 그저 '업業, 본능'이라는 귀신이 시키는 대로 살아갈 뿐이다.

배가 고프면 먹어야 하고, 잠이 오면 자야 한다. 몸이 아프면 약을 구하고, 병을 고치려 애를 써야 한다. 기본적인 의식주가 해결되면 업의 귀신은 더 큰 것을 요구한다. 가족을 구성하고, 대를 잇고, 재산을 형성하고, 자기편을 최대한 많이 만들고, 권력과 명예를 추구하라 한다. 알고 보면 내가 아니라 내 안에 들어앉은 귀신만 배 불리는 일들이다.

귀신을 내게서 내쫓지 않으면 평생을 그의 노예로 살아가야 한다. 배가 고프거나, 잠이 오거나, 병이 생기거나, 손해를 입거나, 배신을 당하거나, 욕을 먹거나, 힘든 일을 당하거나 등등의 일들은 순리다. 작은 욕심은 작은 기쁨과 작은 슬픔을 낳고, 큰 욕심은 큰 즐거움과 큰 괴로움을 낳는다. 순리임에도 그것을 거부하려 하니 힘이 더 들고 더욱 고통스러워지는 것이다. 세상의 형태와 마음의 양상은 결국 해가 뜨면 해가 지고, 밤낮이 번갈아 계속되는 섭리 속에서 움직인다.

불교의 핵심 교리인 공空은 산스크리트어로 '0(Zero)'을 뜻한다. 실제로 우리는 0을 '공'이라고도 발음한다. 득得+실失=공空, 0이요, 생+사=0이요, 고+락=공이요, 희喜+비悲=0이요, 건강+병=공이요, 소少+노老=0이요, 대大+소小=공이다. 모두가 공 가운데서 흩어졌다 모이기를 반복하는 구름일 뿐이다. 끝내 0이다. 아무리 애써봐야 남는 게 없다. 남는다고 해봐야 인과만 남는다.

항상 가던 길이 편한 길은 될 수 있을지언정 옳은 길은 되지 못한다. 지금껏 가보지 않은 길에는 늘 설렘과 활력이 있다. 욕심을 쉬어서 분별하지 말자. 있는 그대로 수용할 수만 있다면, 있는 그대로 보살이 되고 부처가 되어 아름다운 삶을 영위할 수 있을 것이다.

첩첩산중 앞에서는

 첩첩산중이라는 말이 있다. 산을 하나 넘었다 싶으면 또 다른 산이 나타난다. 일이 엎치고 덮치는 것을 의미한다. 이 일을 해결하기도 전에 저 일이 나타나 괴롭힌다. 무언가 하나 수습했다 싶으면 또 다른 문제가 달려들어 정신 차릴 틈을 주지 않는다. 그렇다고 포기하자니 그동안 해놓은 것이 있어 그것도 어렵다. 이쯤 되면 진퇴양난이다. 살다 보면 다반사로 일어나는 상황이다.
 이럴 땐 과연 어떻게 해야 할까? 역시 분별심을 갖지 않는 것이 정답이다. 구체적으로 말하면, '꼭 해결해야겠다'는 생각을 놓아야 한다. 열정과 책임감은 갖더라도 조바심이나 애타는 마음은 버려야 한다. '해결하지 않으면 안 된다'는 강박관념만은 금물이라는 뜻이다.

해결하든 해결하지 못하든, 그에 따른 과보를 받는다. 해결했다고 마냥 즐거운 것이 아니다. 해결하지 못했다고 마냥 괴로운 것도 아니다. 지금 당장 해결했어도 다음에는 해결하지 못하는 인연을 만나야 한다. 반대로 아직 해결하지 못했다는 것은 해결하는 즐거움이 나를 위해 준비되어 있다는 것이다. 괴로움이 있으면 즐거움이, 즐거움이 있으면 괴로움이, 반복되고 또 반복된다.

물론 노력은 계속해야 한다. 다만 그저 할 뿐이어야 한다. 해결을 하더라도 마음이 평온해야 하고, 해결을 하지 못하더라도 마음이 평온해야 한다. 올 것은 반드시 오고, 동시에 온 것은 기어이 간다는 이치를 마음에 새겨야 한다.

우울증에 관하여

무기력증에 빠질 때가 있다. 아무것도 하기 싫다. 사람을 만나는 것도 짜증난다. 누가 아무리 좋은 말을 해줘도 잔소리로만 들린다. 아주 사소한 일에도 예민하게 반응한다. 좀처럼 잠을 자지 못한다. 자신의 삶이 밑도 끝도 없이 고통스럽고 죄스럽다. 우울증의 주요 증상들이다. 자신의 증상을 빨리 간파해 정신과 치료를 받는다면 그나마 다행이겠다. 하지만 '정신병자 취급한다'며 거부한다면 상황은 계속 나빠질 뿐이다.

우울증에 걸린 사람들은 지옥을 경험한다고 한다. 끔찍하게 고통스러워 심하면 자살에 이르게 되는 우울증의 원인은 무엇일까? 일단은 성격적인 기질 또는 주변 환경과 인간관계 등등 여러 가지 이유가 있을 것이다. 그러나 큰 틀에서 보면 이 또한 고락苦樂의 업식業識이 인과적因果的으로 나타난 것이라고 봄이 정확할 것이다. 시절인연에 따라 일어날 일이 일어난 것뿐이다.

따라서 일찍 치료를 해서 빨리 고치는 것 또한 업식의 시절인연이요, 병을 방치해 긴 시간에 걸쳐서 큰 고통을 겪는 것 역시 업식의 시절인연이다. 결국은 과거의 업장業障으로 인한 과보이므로, 자신의 업이 다하여 때가 될 때까지는 고통을 겪을 수밖에 없다. 그러나 말 그대로 언젠가 업이 다하면 해방될 것이다. 이를 확실히 믿는 마음이면 반드시 고친다.

쉽지는 않을 것이다. 하지만 일기일회一期一會다. 누구나 작은 복福이라도 지은 것이 있을 것이므로 항상 기회는 있다. 그 단 한 번의 기회를 놓치지 말고 인과因果와 연기緣起의 깊은 도리를 깨달아 지극한 마음으로 참회하면 된다. 관건은 그 어떤 이유도 달지 말고 그 어떤 마음도 내려놓아야 한다는 것이다. '나았으면' 하는 갈구조차 버려야 한다.

그리고 부처님을 절대적으로 믿는 신심信心을 가져야 한다. 죽어도 좋다는 심정으로 불법佛法에 자신을 맡겨야 한다. 조금의 집착과 미련 없이 정진해야 한다. 이것이 진정한 참선이다.

돈과 명예와 권력 또한 인과와 연기의 산물이다. 때가 되면 왔다가 때가 다 하면 사라지는 것이다. 아무리 지키려 해봐야 소용없다. 더구나 돈과 명예와 권력을 전부 차지했다 하더라도 마음을 다치면 아무 소용이 없다. 괴로움과 고통은 물질이 아니라 결국 마음에서 오는 것이다. 마음에 문제가 없다면 물질은 부차적으로 따라온다.

인생에는 오르막길도 내리막길도 있다. 내리막길은 오르막길 때문에 존재한다. 마음을 깨치거나 다스리지 못한다면 내리막길에서 한없이 굴러떨어지고 만다. 결국은 '기다릴 수 있느냐' '기다리지 못하느냐'의 문제다.

어떤 선택을 하든 고락은 따른다

"스님의 말씀처럼 분별分別하지 않으면 도대체 무슨 동력으로 삶을 살아갈까요? 아무것도 분별하지 않으니까 '모든 게 허무하다'는 염세적인 생각밖에 들지 않네요."

●

네이버 밴드 '오늘의 명상'에 올린 글을 읽고 어느 독자께서 남긴 댓글이다. 백 번 공감하는 바이다. 그러나 소납의 글을 자세히 읽는다면 충분히 이해하실 것이라고 생각한다.

우선 좋은 것을 선택한 다음에는 최선을 다해 임한다. 그리고 성공했다면 그 성취감을 충분히 즐겨도 된다. 다만 내가 즐긴 만큼 즐거움의 질량과 동일한 괴로움이 나타난다는 사실은 받아들여야 한다. 그렇게 괴로움이 다가오면 자업자득自業自得이라 여기면서 굳세게 감수하고 이겨내야 한다.

이러다 보면 인과의 이치를 체득하게 된다. '즐거웠던 만큼 괴롭구나, 괴로웠던 만큼 즐겁구나'라고 철저히 느끼게 된다. 마침내 즐거운 일과 괴로운 일을 하나로 볼 수 있게 된다. 침착해지고 덤덤해진다.

그래서 앞으로는 어떤 일이든 별다른 고민과 망설임 없이 선택할 수 있다. 어떤 선택을 하든 고락이 따른다는 것을 알았기 때문이다. 아울러 결과에 대한 기대나 두려움이 없으니 선택한 일에 대해 최선을 다할 수 있게 된다. '틀린' 선택이란 없다.

칭찬은 비난의 친구

"왜 이리 속상한 일이 많을까요? 팔자를 잘못 타고 난 걸까요? 힘들고 불안해서 정말 살 수가 없어요."

●

남녀노소 빈부귀천을 막론하고 이런 생각을 하는 사람들이 굉장히 많다. 하지만 어차피 인생은 고락苦樂의 연속이다. 맛있는 음식을 먹을 때는 즐겁고 행복하다. 그러나 배가 부른 상태에서는 아무리 맛있는 음식이라도 맛이 없다. '시장이 반찬'이란 속담이 있듯이, 배가 어느 정도 고파야 음식도 맛이 나는 법이다. 인생도 마찬가지다. 어느 정도 부족하고 불편해야만 진정 사는 맛을 느낄 수 있는 것이다.

돈을 많이 벌 때는 즐겁고 기쁘다. 반대로 돈을 잃을 때는 괴롭고 고통스럽다. 알고 보면 돈이 없거나, 있다가 없어지는 고통이 있으니까 그만큼 버는 재미가 배가되는 것이다. 돈이 너무 많으면 돈이 돈같이 느껴지지 않아서 그렇게 즐겁거나 기쁘지 않다고 한다. 돈을 꽤 잃어도 그리 심각하게 느껴지지 않는다고 한다.

자신에 대해 좋은 말을 들으면 기분이 좋다. 싫고 나쁜 말을 들으면 당연히 기분이 좋지 않다. 좋은 말을 하는 사람은 당연히 좋아하게 되고, 나쁜 말을 하는 사람은 당연히 싫어하게 된다. 하지만 좋은 말을 하는 사람이 있으므로 싫은 말을 하는 사람도 생겨난다. 필연이다. 좋은 말을 하는 사람만 있을 수는 없다.

배부른 즐거움과 배고픈 괴로움은 서로가 서로를 의지하는 것이다. 이익과 손해도, 칭찬과 비난도 서로가 서로를 의지하는 것이다. 고통을 당한다고만 여기지 말고 고통에 '의지한다'고 생각하면 어떨까? 시련을 더 나은 삶을 위한 발판이라고, 역경逆境이란 것도 순경順境이 온다는 신호로 생각하면 어떨까? 물론 이렇게 생각을 하든 안 하든, 실제로 그렇게 된다. 고락의 균형은 반드시 맞춰진다.

기도하는 습관

"스님! 머리를 좋게 만드는 방법이 없을까요? 타고난 머리를 갑자기 좋게 할 수 있을까마는, 그래도 자식과 손자들은 머리가 좋으면 좋겠어요. 이 험한 세상을 살아가려면 지능이 뛰어나지 않으면 경쟁에서 뒤처질 수밖에 없거든요."

"그럼 우선 기도하는 방법부터 먼저 가르치시지요. 엄마와 할머니가 아들과 손주를 위해 대신 기도하는 것도 좋지만, 본인이 직접 기도하는 것보다는 효험이 떨어집니다. 그리고 가장 좋은 기도는 가족 모두에게 어릴 때부터 기도하는 방법을 가르치는 겁니다."

●

부처님의 법法은 위대하다. 그런데 현대사회에서는 포교가 잘 되지 않는다. 불자들의 개인주의 성향 때문이라고 생각한다. 자기만 열심히 믿고는 그만이다.

절에서는 누구보다 신심信心이 돈독한데, 정작 집에서는 자식 하나도 불자로 만들지 못한다. 엄마와 할머니와 본인은 좋은 염불소리와 덕 높은 스님들의 지혜로운 법문을 항상 들으면서도, 남에게 그 기쁨을 전해주려 하지 않는다. 위대하고 위대한 부처님의 법을 가족들에게 전해야 한다. 식구들도 불법佛法의 위대성을 깨달아야 한다. 그래야만 머리도 좋아지고 각자가 원하는 것 전부를 얻을 수 있다.

소위 머리가 좋다는 사람들은 심각한 오류에 빠져 있다. 다른 사람들보다 뛰어나다는 우월감에 사로잡혀 있다. 하지만 앎이란 것도 하나의 욕심이다. 지식의 획득을 통해 우월감이라는 기쁨을 얻고 싶은 것이다. 무엇을 알고 싶어 한다는 것은 그 무엇을 앎으로써 즐거워지는 마음을 갖고 싶어서이다. 그러나 알면 알수록, 지식이 많아 즐거울수록, 인과가 따른다는 사실을 직시해야 한다. 그에 상응하는 불만족과 번뇌가 뒤따른다. 마치 바닷물을 마시는 것처럼, 채워도 채워도 채워지지 않는 갈증에 시달린다.

머리가 좋을수록 자만심도 크다. 지식이 많은 사람일수록 행복하지 않다. 남보다 못하다는 소리를 듣지 않으려고 매사에 긴장하고 초조해한다. 따라서 자식과 손주가 정말로 행복하길 원한다면, 중도中道와 적멸寂滅의 길을 가르쳐야 한다. 그러기 위해서는 기도하는 방법을 잘 알도록 해야 하고 기도하는 습관을 들여 주어야 한다. 어떤 사람에게도 어떤 상황에서도 동요하지 않는 마음보다 더 나은 행복은 없다.

욕심이라는 어린아이

"스님! 스트레스 때문에 힘들어 죽겠어요. 매사에 짜증이 나고 신경질이 나서 아무것도 하기가 싫어요."

"아! 그래요? 뭐가 그리 못마땅할까요?"

"하는 일마다 마음대로 되는 게 없어요."

"시간이 좀 지나면 괜찮아질 거예요."

"나중은 나중이고 지금 당장 힘들어서 그렇지요."

"그러니까 평소에 기도도 좀 하시고 참선도 하고 아끼지 말고 보시도 좀 하시지 그랬어요? 세상에 공짜가 어디 있나요? 내가 싫은 건 무조건 멀리하려 하고 욕심만 채우려 한다면 대가를 치르게 됩니다. 지금부터라도 나를 위한 정성을 좀 들이세요."

●

스트레스를 현대병이라 한다. 복잡한 세상을 살다 보면 마음에 부담이 오기 마련이다. 그 무게를 이기지 못하고 멘탈이 흔들리다 보면 급기야 몸까지 상하게 되는 지경에 이르기도 한다.

현대사회에는 편리하고 아름답고 귀한 것들이 넘쳐난다. 그래서 그걸 갖고 싶은 욕심도 넘쳐난다. 욕심을 충족시키다 보면, 그 욕심이라는 놈이 끝없이 요구를 하게 된다. 욕심은 철부지 어린아이와 같다. 원하는 것을 다 채워 주지 못하게 되면, 몹시 화를 내면서 내 마음을 가만히 놔두지 않고 쉼 없이 못살게 군다. 그러니 무엇보다 욕심을 달래 주어야 한다. 어린아이를 달래듯, '욕심이'를 달래서 마음을 가라앉히게 되면 편안해진다. 그러려면 기도로써 정성을 들여야 한다. 기도로써 욕심을 차분하게 해주어야 하고 욕심의 정서를 순화해야 한다. 가진 것이 적어도 만족할 줄 아는 소욕지족少慾知足의 마음을 갖게 해야 한다. 그 마음은 어떤 일이든 원하지 않아도 저절로 이루어지게 만든다.

절대 사기를 당하지 않는 방법

"수억 원의 사기를 당했습니다. 먹을 것 안 먹고 입을 것 안 입으면서 평생을 모은 돈인데 어떻게 이렇게 허무하게 도둑맞을 수 있을까요? 억울해서 잠이 안 오고 밥이 목구멍으로 안 넘어갑니다. 도대체 귀신은 뭐 하나? 사기꾼은 여전히 잘 먹고 잘 삽니다. 세상이 왜 이리 돼먹은 걸까요?"

●

어떤 이의 피맺힌 하소연이다. 이런 일을 당하는 사람이 의외로 많다. '자신에게 왜 이런 말도 안 되는 일이 생긴 걸까?' 사기를 당한 이의 입장에서는 어떤 설명으로도 도저히 납득되지 않을 것이다. 그러나 세상에 이유 없는 일은 없다.

다만, 잘 모를 뿐이다.

우선 사기를 친 사람이나 사기를 당하는 사람은 자신들의 좋고 싫은 고락苦樂의 업業이 현실의 인연으로 나타났다는 것을 알아야 한다. 사기를 친 사람은 즐거운 낙업樂業이 나타날 때가 되어 큰돈을 얻은 것이고, 사기를 당한 사람은 괴로운 고업苦業이 나타날 때가 되어 큰돈을 잃은 것이다. 우연히 발생한 것이 아니라 필연적인 인연의 소산이다. 물론 세상은 연기의 법칙에 따라 유전하므로 끝난 게 끝난 것이 아니다. 사기를 쳐서 즐거움을 얻었다면 언젠가는 그 과보로서 즐거움과 동일한 크기의 괴로움에 처할 것이다. 마찬가지로 사기를 당해 괴로움을 겪었다면 언젠가는 그 과보로서 어떤 형태가 되었든 즐거움을 누릴 것이다.

사기를 당했다 하여 무조건 분노하고 속상해만 한다면, 괴로움의 고업이 나를 떠나지 않고 끝까지 괴롭힐 것이다. 과거에 지었던 낙업이 다할 때까지 괴로워하게 될 것이다. 그러니 인과의 도리를 알아채고 마음을 다스려야 한다. 마음이 괴로움에 잠식돼 행여 극단적 선택에 이르지 않도록 억울함을 빨리 내려놓아야 한다. 이것이 곧 인욕忍辱이고 참선이다.

누구나 사기를 당할 수 있다. 똑똑하다고 해서 신중하다고 해서, 예외가 되는 것은 결코 아니다. 보이스피싱 피해자들 가운데에는 고학력자와 전문직이 부지기수다. 단, 사기를 당하지 않을 수 있는 확실한 방법이 한 가지 있기는 하다. 그것은 빼앗기기 전에 미리 베푸는 것이다. 돈에 집착하고 돈을 벌기 위해 애쓰는 마음을 버린다면, 사기를 당하는 업은 발생하지 않는다. 사기의 빌미가 되는 인과를 저지르지 않았기 때문이다.

억울함 대처법

'느닷없이 욕을 먹었다.'
'얼토당토않게 나를 탓한다.'
'억울하기 그지없다.'

살다 보면 이런 어이없는 경우가 많이 생긴다. 과연 이럴 때는 어떻게 대처해야 할까? 우선 잘잘못을 가려도 되고 그냥 넘어가도 된다. 그러나 화를 내거나 속상하지 않게 해야 한다. 고통스러운 감정은 오롯이 나의 몫이자 나의 업業이기 때문이다. 지금 괴롭다면 언젠가 즐거웠기 때문이라는 인과의 이치를 마음에 새기며 차분히 대응해야 한다.

어떤 상황에서도 있는 그대로 보고 대하는 습관을 길러야 한다. 쉽게 흥분하고 마음에 담아두면 늘 그 모양 그 꼴을 벗어나지 못한다. 순간순간 일어나는 일에 대해 과잉된 감정을 얹지 말고, '그러려니~ 그렇구나~' 하고 객관적으로 바라보고 여유롭게 넘겨버려야 한다. 언젠가는 모든 일이, 멀리 하늘에 떠가는 구름처럼 보이게 될 것이다.

무조건 참지는 마라, 그 대신

"스님! 억울한 소리를 들어도, 억울한 일을 당해도, 무조건 참으라는 것은 결국 나만 손해 보는 일 아닌가요? 또 참다가 화병이라도 난다면 그 보상은 어디서 받나요? 참는 것도 한계가 있고 어느 정도지, 무조건 참아야 한다는 것은 도저히 받아들일 수 없는 것 아닌가요?"

●

백 번 천 번 공감되는 말씀이다. 그렇다. 무조건 참으라는 것은 아니다. 참는 것도 힘이 있어야 한다. 다만 가능하면 참을 수 있는 데까지는 참는 것이 좋다는 말이다. 참지 못해서 오는 손해가, 참아서 오는 손해보다 훨씬 더 클 수 있기 때문이다.

　참지 않아도 된다. 더 큰 불행을 만나도 좋다면 참지 않아도 된다. 참지 않는다는 것은 일종의 회피다. 내가 그동안 즐긴 낙업樂業에 대한 고업苦業의 과보果報를 받지 않으려는 행위이다. 오욕을 감수한다면 과보는 해결될 것이다. 만약 화풀이를 한다면 과보는 그대로 남게 될 것이다. 가뜩이나 이번 생에 해야 할 숙제가 산더미처럼 쌓여 있는데 말이다.

스트레스를 받는 이유

사람에겐 누구에게나 자기만의 스트레스 해소법이 있다.

술을 마신다거나 담배를 피운다거나 소리를 지른다거나 남에게 화를 낸다거나 등등, 또는 음식을 먹는다거나 잠을 잔다거나 등등, 아니면 점잖게 명상한다거나 참선한다거나 기도한다거나 참회한다거나 등등, 개인 성향에 따라 가지각색이다.

스트레스를 받지 않는 사람은 없다. 그리고 스트레스를 받는 이유는 결국 자신의 뜻대로 되지 않아서이다. 뜻대로 되지 않는다는 것은 분별하는 것이다. '뜻대로 됨'과 '뜻대로 안 됨'을 나누고 한쪽에만 집착하는 것이다.

좋은 것이 있으면 당연히 싫은 것이 나타난다. 반면 좋은 것이 없으면 싫은 것도 없다. 세상이나 마음이나, 좋고 싫은 것 중 어느 한쪽만 취할 수는 없다. 좋은 것만 취하고 싫은 것은 멀리하는 것은 도둑놈 심보다. 절대 그럴 수는 없다. 밤 없이 낮에만 살려고 하는 것과 같다.

말싸움 대처법

대화를 하다 보면 시비가 일어나 싸울 때가 다반사이다. 멱살잡이가 벌어지는 데에는 주고받는 말이 결국 말썽이 되곤 한다. 당연히 내 의견과 상대방의 의견이 맞지 않아서이다. 오히려 모르는 사람보다는 가까운 이들이나 특히 가족 간에 많이 발생하게 된다.

흔히 언쟁이 벌어지는 이유를 상대방 때문이라고 생각한다. 하지만 그렇지 않다. 상대방이 나쁘거나 잘못됐거나 싫어서가 아니라 내 마음 안에 나쁘고 잘못되고 싫다는 감정이 자리하고 있기 때문이다. 내가 나 자신과 다투고 있는 셈이다. 옳네 그르네 시비하는 것은 결과적으로 큰 의미가 없다. 순간적으로 통쾌하게 상대를 이겼다 한들, 다음 시절

인연에는 그만큼의 패배를 당해야 하기 때문이다.

　의견충돌로 불쾌해졌거나 화가 날 때에는 재빨리 '나의 업業이 발생하는구나' 얼른 알아차려야 한다. 자신을 돌아보면서 악감정을 잠재우고 참아내야 한다. 그리고 묵연默然하거나 좋은 말로 분위기를 돌려서 악업惡業을 멸해 나가야 한다.

자녀교육을 위한 조언

아이를 어떻게 키울 것인가. 어떤 식으로 교육을 시켜야 할까?

모든 부모들의 한결같은 숙제다. 인류의 공통 화두다.

이 문제에 대해서만큼은 요즘 말로 '라떼', 나의 지난 시절 이야기를 하지 않을 수 없다. 30~40년 전만 해도 아이들 양육과 교육에 있어서 요즘처럼 세밀하게 신경 쓸 여지가 없었다. 다들 먹고 살기가 너무 힘들고 바빠서였다. 또 저출산 시대인 요즘과 달리 아이들의 숫자가 워낙 많았다. 가정교육은 물론 학교교육도 아이들 하나하나에 집중할 수 없었고 소홀할 수밖에 없었다. 그래서 그런지 애들 스스로 컸다 해도 과언이 아니었다. 혼자서도 성실하고 굳건하게 자라났다.

　그에 비해서 요즘 아이들은 거의 보석이나 보물 대접을 받는다. 부모들은 수많은 돈과 시간과 열정을 들여 자식 교육에 공을 들이고 있다. 그럼에도 성과는 예전만 못한 것 같다. 오히려 과잉보호의 부작용으로 배려와 양보를 잘 못한다든가, 이기적이라든가, 홀로서기에 어려움을 겪는다든가 등등 상대적으로 더 미숙하고 나약하다는 느낌을 지울 수 없다. 물론 자상하고 세밀하게 키우는 것은 당연한 일이다. 다만 무엇보다 중요한 교육은 인과의 이치를 가르치는 것이다. 욕심을 부리면 반드시 대가가 따르고, 배려와 양보하지 않으면 배려와 양보를 받지 못한다는 것을 일깨워야 한다는 것이다.

　자녀의 안전과 미래를 위해 정화수를 떠놓고 빌었던 옛 어머니들의 기도는 최고의 교육 방법이다. 이를 본 아이는 그 모습을 보는 자체만으로 마음을 정화해 왔으니 말이다.

결혼을 꼭 해야 하나?

"결혼을 하지 못하고 있는 40대 후반 남자입니다. 혼자 살아도 되지만 노후를 생각하면 반려자가 있는 게 낫다는 생각도 듭니다. 하지만 나이가 들다 보니 혼처도 만만치 않아 점점 더 어려워짐을 느낍니다. 이게 다 젊어서 해야 할 일을 하지 못한 인과가 아닌가 싶습니다. 곧 50을 바라보는 저 같은 경우는 어떻게 해야 할지요."

●

BBS불교방송 법문에서 이야기했던 어떤 분의 사연이다. 여기서 다시 인용해 대단히 미안하지만, 익명이니 양해를 구하고 싶다.

간단히 답을 하자면, 전혀 문제 될 것이 없으니 걱정하지 말라고 권하고 싶다. 반려자를 만나고 만나지 않고는 오직 인연因緣 연기緣起에 따라 이루어지는 것일 뿐이다. 그럼에도 굳이 꼭 해야 하겠다는 생각에 스스로를 괴롭히는 일은 하지 않는 것이 좋겠다.

결혼을 하고자 하는 것은 결국 내가 더 행복해지기 위해서이다. 그러나 누누이 말했듯이 행복에는 그만큼의 대가를 치러야 한다. 행복한 만큼 불행의 인과因果가 생긴다. 그러므로 결혼을 하든 하지 않든, 자식을 낳든 낳지 않든, 좋은 만큼 싫어지는 인과의 총량에는 변함이 없다. 어차피 결혼은 해도 후회이고 안 해도 후회다. 언제 해도 후회다.

절 하는 공덕

또 한 해가 밝았다. 하지만 해 뜨고 지고 달 뜨고 지는 것은 언제나 변함이 없다. 좀 더 나아지고 싶은 인간의 처절한 발버둥도 변함이 없다. 명예를 얻고, 재산을 쌓고, 가정을 지키고, 사랑하는 이를 취하고, 건강하게 오래 살고, 원하는 것을 성취하고 등등.

이를 위해 몸을 쓰거나 말을 하거나 머리를 굴린다. 곧 신구의身口意 삼업三業이란 결국 나를 위한 몸부림이다. 간단히 말해서 괴롭지 않기 위함이고 더 행복하고 편하기 위함이다. 그러나 모든 욕심에는 과보가 따른다. 기쁨에는 한 치의 오차도 없이 똑같은 슬픔이 따른다. 행복하려고 해봐야 업보만 늘어난다. 그러므로 1월 1일에는 소원을 비는 기

도가 아니라 업을 줄이는 기도를 해야 한다. 모든 것을 연기緣起에 맡기며 더는 업을 짓지 말자고 스스로에게 다짐하자.

  구체적인 방법을 일러드리겠다. 한 달에 최소한 한 번 이상은 절에 가서 3000배 또는 1000배 기도를 하자. 단 아무 바람 없이, 조건 없이 그냥 해야 한다. 분별分別이 사라지면 모든 일이 저절로 이루어질 수밖에 없다. 12월 31일에는 모든 업장業障이 소멸되어 있을 것이다. 약속한다.

보시의 중요성

어떤 여인이 귀하디귀한 외동아들을 데리고 절을 찾았다. 스님에게 아들 관상을 좀 봐 달라고 부탁했다. 스님은 아이의 얼굴을 찬찬히 살펴보더니 수화水禍로 인하여 40살까지밖에 살지 못할 것이라고 예언했다. 물 때문에 빨리 죽을 것이라는 말이다.

그러면서 여인이 많은 복을 지어야 수명이 늘어날 것이라고 조언했다. 충격을 받은 여인은 이때부터 아들이 절대 물가 가까이 가지 않도록 했다. 그러나 정작 '물'에만 신경을 쓰고, 스님이 신신당부한 '복'은 짓지 못하고 살았다.

아들이 마흔 살이 되던 어느 여름날, 자전거를 타고 논둑을 지나다 넘어지는 바람에 땅에 코를 박았다. 그런데 그만 그 자리에서 죽고 말았다. 물기가 있는 촉촉한 땅에 코를 박아서, 그 물기가 기도를 통해 들어가는 바람에 물에 빠져 죽은 꼴이 되었다. 사인은 익사였다.

●

웃지 못할 이야기다. 그러나 불교적인 관점에서 보면 운명은 그리 중요한 것은 아니다. 수명이 짧으면 짧은 대로, 길면 긴 대로 각자가 안고 있는 업장業障의 문제이다. 수명이 길면 긴 대로의 고락苦樂의 업業이 있을 것이고, 짧으면 짧은 대로 고락의 업이 있다. 더구나 정작 중요한 것은 수명이 늘어나는 것이 아니다. 오래 산다고 해서 더 좋은 삶은 아니다. 그만큼 더 크고 긴 고통을 살아서 감내해야 하기 때문이다. 유가족들의 슬픔과 상심을 떠올려보자.

자식을 걱정하는 것은 자식이 아니라 어머니 자신의 업 때문이다. 내 업이 좋아야 가족이나 내 주위의 사람들이 평안해진다. 물론 죽을 사람은 어차피 인연 과보果報의 수순에 따라 죽게 되어 있다. 만약 이를 바꾸고 싶다면 다각도로 복福을 지어야 한다. 만약 어머니가 진정으로 아들을 위해 복을 지었다면, 그 복은 자기 자신의 업을 바꾸게 되었을 것이고, 아들의 수명에까지 영향을 미쳤을 것이다.

스스로의 업이 멸하거나 사라지게 되면, 일어나야 할 나쁜 일이 일어나지 않을 수도 있다. 그래서 불자들은 업장 소멸을 지고의 과제로 삼아야 한다. 또한 그래서 스님들이 보시를 하라고 강조하는 것이다. 조건 없이 베풀면 베풀수록 마음자리가 환해진다. 보시정진布施精進은 내 업을 멸하게 하는 동시에, 복이 되어 남의 업도 사라지게 만드는 요술방망이다.

불청객을 위한 배려

저녁 공양에 주요 인사 20명을 초대했다. 그런데 21명이 왔다. 중요한 논의를 하는 자리여서 할 수 없이 초대받지 않은 분은 나가 달라고 정중히 요청했다. 말이 끝나기 무섭게 그중 한 사람이 벌떡 일어나 나가버렸다. 나중에 알고 보니 그 사람은 초대를 받은 사람이었다. 그때 왜 나갔었느냐고 물어보았다. 그는 "초대받지 않은 사람이 얼마나 난처해할까 싶어 자진해서 나왔다."고 말했다.

●

남을 배려한다는 것은 자신감과 더불어 용기가 필요한 일이다. 최고의 자신감은 욕심을 버린 상태여야만 나올 수 있다. 이것저것 생각하면 용기를 내기 어렵다. 이게 좋을까 저게 맞을까 재고 따지고 전전긍긍하면, 신속하고 정확한 판단을 할 수가 없다.

정확한 판단을 하려면 무엇이 필요할까. 전문적인 안목과 식견識見도 중요하겠지만, 무엇보다 인과因果에 대한 확신이 뒷받침되어야 한다. 그것은 설사 잘못된 판단을 했다 하더라도, 기분 나빠하거나 괴로워하지 않는 마음이다. 잘못된 판단이란 것은 없다. 단지 나의 후회와 집착 때문에 그렇게 보이는 것뿐이다.

부처님께서는 "세상 모든 것이 부처 아님이 없고 이미 성불成佛해 있다."고 말씀하셨다. 이해하기 어려울뿐더러 논란의 여지가 많은 대목이 아닐 수 없다. 어쨌거나 중생에겐 각자의 현실적 괴로움이 엄연히 존재하기 때문이다.

그러나 잘 되고 못 되는 것이란 겉으로 나타난 일시적인 현상일 뿐이다. 이 세상의 모든 것은 인연因緣 연기緣起의 모습이다. 한 치의 어긋남 없이 완벽하게 돌아가고 있다. 다만, 눈앞의 이익과 손해에 따라 기뻐하거나 슬퍼하는 인과가 달라붙어 좋고 나쁨이 갈라지는 것이다. 이러한 분별의 감정만 제거하면, 이 세상은 드러난 그대로 부처요 정토淨土

요 극락임을 확연히 깨달을 수 있다. 시절 인연에 따라 반드시 좋은 기회는 오게 될 터이니 다만 이때를 놓치지 말아야 한다.

진정한 용기와 자신감을 갖기 위해서는 인과를 철저히 믿어야 한다. 그래야 겁이 없어지게 되고, 어떠한 난관과 역경이 닥치더라도 가볍게 극복할 수 있다. 지금의 힘듦이 '지는 해'에 불과하다는 사실을 알면, 편안한 마음으로 지혜롭게 처신할 수 있을 것이다.

가장 좋은 행동은 말 그대로
'행동하는 것'

사람은 습관적으로 고민을 한다. '이렇게 하면 더 좋을까, 저렇게 하면 더 좋을까' 순간순간 궁리하고 계산한다. 그러다가 생각대로 잘 되지 않았으면 후회하고 자책한다. 또한 만약 상대방이 생각대로 움직여주지 않으면 화를 내고 남을 탓하고 시비를 붙는다. 설령 당장은 내 뜻대로 되어서 좋다 하더라도, 좋다는 그 인과因果로 인해 반드시 나쁜 과보果報가 남게 마련이다. 언젠가는 내 뜻대로 되지 않게 되고, 무조건 나쁜 일이 생긴다는 것이다. 그러므로 살아가면서 가장 좋은 행동 방법이란, 말 그대로 행동하는 것이다.

첫째, '이렇게 하면 좋을까 저렇게 하면 좋을까' 고민을 길게 하지 말고 어느 것이 되었든 빨리 결정하는 것이다. 고민을 최소화하면 인과도 최소한만 남게 된다.

둘째, 선택의 그 결과가 어떤 모습으로 나타나건 좋다 싫다 분별하지 않는 것이다. 그냥 빨리 받아들이면서 더 이상의 미련과 집착을 버려야 한다.

어떤 결정을 하든, 절반은 맞고 절반은 틀린 결정이다. 요령이나 잔재주로 잠깐은 이익을 보더라도 결국엔 실패와 낭패를 맛봐야 한다. 아무리 머리를 굴려봐야 업보業報는 피할 수 없다.

남을 위해 기도하라

"스님, 이제 더는 절에 안 다니렵니다. 누구보다 열심히 기도하고 시주했는데 집안에 계속 안 좋은 일만 생겨요."

●

대부분의 사람들이 절에 다니는 이유는 두 가지다. 첫째, 무조건 잘 되기 위해서이다. 둘째, 무조건 잘못되지 않기 위해서이다.

이처럼 좋고 싫은 고락의 분별심으로 기도하고 보시하고 정진한다면, 고락의 인과만 반복한다. 삶이 절대 나아지지 않는다. 잠깐은 나아진 것 같다 하더라도 머지않아 다시 미끄러지고 만다.

참된 불자는 쉽게 기뻐하지도 쉽게 슬퍼하지도 않는다. 어떠한 극한적인 상황을 맞는다 하더라도, 차분하게 인과의 작용으로 바라본다. 좋은 일이 생기리란 징조로 대한다. 바라는 것을 성취하려 하기보다는, 반대로 바라는 마음을 비우는 것이 진정한 기도다. "남을 위해 기도하라."는 큰스님들의 말씀은 단순히 도덕론이 아니다. 거기에만 내 삶의 돌파구가 있다.

가는 해, 오는 해

해마다 12월 31일이면 이곳저곳에서 의미부여를 하며 떠들썩하지만 사실, 마지막 날이라 해서 특별한 날은 아니다. 어제 떴던 해가 오늘도 뜬다. 새해라거나 지난해라거나, 그저 인간들이 편의를 위해 정해 놓은 구분법일 뿐이다.

다만 누누이 강조하건대 이러한 분별에는 인과가 작용한다. 좋은 것을 선택하면 나쁜 것으로부터 멀어지는 거리에 비례해 좋은 것에 대한 욕심이 일어난다. '더 좋은 것', '더 더 좋은 것'으로 마음이 자꾸만 휩쓸려간다. 결국 좋은 것의 끝에는 '가장 나쁜 것'이 기다리고 있다. 농사가 잘 되기를 바랄수록 홍수와 가뭄이 더 세게 찾아온다.

좋은 것을 선택하려 애를 쓰면 쓸수록, 똑같이 싫고 나쁜 것이 생긴다. 이 나쁜 것을 피하려고 또 다시 좋은 것을 선택하지만 그럴수록 나쁜 것만 달려든다. 이와 같이 계속 돌고 돌아 윤회輪廻하는 것을 업業이라 한다. 최선을 다할수록 최악의 상황으로 치닫는 꼴이 되고 만다. 업은 습관이다. 윤회하는 업을 멈추지 않는 이상 고통과 괴로움은 피할 수 없다. 그러려면 분별하는 습관을 버려야 한다. 결코 쉽지는 않겠으나 좋고 싫은 것을 나누고 가르고 집착하고 회피하는 버릇을 놓지 않는다면 절대 고통에서 벗어날 수가 없다.

한 해 동안 안 좋은 일이 있었다 해도 원통해하거나 후회하지 말자. 있는 그대로가 연기緣起의 모습일 뿐이니, 분별하려는 생각을 놓아버리자. 아울러 맞이하는 새해에도 특별한 생각을 갖지 말자. 무엇을 꼭 성취하려고 하지 말자. 인과의 업만 더할 뿐이다. 성취는 성취하지 않는 인과를 낳기 때문에 결코 성취가 아니다. 착각에서 벗어나야 한다.

이루려 하기보다는 받아들이자. 좋은 것에도 싫은 것에도 무덤덤하게 반응해보자. 마음이 편안해질 것이다. 이러한 안심安心보다 이 세상에 더 훌륭하고 정의로운 것은 없다.

제발, 걱정하지 마라

1판 1쇄 2022년 9월 27일 발행
1판 5쇄 2024년 10월 29일 발행

글쓴이 진우
펴낸이 박기련
펴낸곳 도서출판 동국

출판등록 제2020-000111호(2020.7.9.)
주소 04626 서울시 중구 퇴계로36길2 신관1층 105호
전화 02-2264-4714 **팩스** 02-2268-7851
홈페이지 http://dgpress.dongguk.edu
이메일 abook@jeongjincorp.com

사진 김은진
디자인 선연
인쇄 대명프린텍

ISBN 979-11-973434-0-7 (03220)

값 19,000원

이 책의 무단 전재나 복제 행위는 저작권법 제98조에 따라 처벌받게 됩니다.